"十三五"国家重点出版物出版规划项目·重大出版工程规划

中国工程院重大咨询项目成果文库

秦巴山脉区域绿色循环发展战略研究丛书（第一辑）

秦巴山脉区域绿色循环发展战略研究
（农林畜药卷）

刘　旭等　主编

科学出版社

北　京

内 容 简 介

"秦巴山脉农林畜药绿色循环发展战略"课题属于中国工程院重大咨询研究项目"秦巴山脉绿色循环发展战略"的重要内容。基于研究报告,本书编者编制了这部书。全书在分析秦巴山脉农林畜药发展的基础条件、发展概况、主要成就与问题的基础上,针对性地提出了秦巴山脉区域农林畜药绿色循环发展的战略目标、思路和总体模式,并围绕生态环境保障和绿色产业发展两大方面,提出六大战略重点和农林畜药各业绿色发展的重点领域。

本书可为从事秦巴山脉农业研究的工作人员及学生提供参考。

审图号:GS(2019)3233号
图书在版编目(CIP)数据

秦巴山脉区域绿色循环发展战略研究. 第一辑. 农林畜药卷 / 刘旭等主编. —北京:科学出版社,2019.11
"十三五"国家重点出版物出版规划项目·重大出版工程规划 中国工程院重大咨询项目成果文库 国家出版基金项目
ISBN 978-7-03-062567-0

Ⅰ.①秦… Ⅱ.①刘… Ⅲ.①绿色经济-区域经济发展-发展战略-研究-中国 Ⅳ.①F127
中国版本图书馆CIP数据核字(2019)第223268号

责任编辑:徐 倩 / 责任校对:王丹妮
责任印制:霍 兵 / 封面设计:无极书装

斜 学 出 版 社 出版

北京东黄城根北街16号
邮政编码:100717
http://www.sciencep.com

北京九天鸿程印刷有限责任公司 印刷

科学出版社发行 各地新华书店经销

*

2019年11月第 一 版 开本:720×1000 1/16
2019年11月第一次印刷 印张:11 1/2
字数:232 000
定价:122.00元
(如有印装质量问题,我社负责调换)

"秦巴山脉区域绿色循环发展战略研究丛书"编委会名单

顾问（按姓氏拼音排序）

何季麟　邱冠周　任南琪　王　浩　王一德　王玉普　徐匡迪
杨志峰　殷瑞钰　周　济　左铁镛

主编

徐德龙

编委会成员（按姓氏拼音排序）

傅志寰　侯立安　金　涌　李德仁　李佩成　刘　旭　刘炯天
罗平亚　潘云鹤　彭苏萍　邱定蕃　吴良镛　吴志强　谢和平
徐德龙　薛群基　张寿荣　钟志华

"秦巴山脉区域农林畜药绿色循环发展战略研究"课题组成员名单

主　笔：

刘　旭　梅旭荣　杨正礼　杨世琦

成　员：

刘　旭　中国农业科学院（中国工程院院士）

梅旭荣　中国农业科学院

杨正礼　中国农业科学院农业环境与可持续发展研究所

杨世琦　中国农业科学院农业环境与可持续发展研究所

尹伟伦　北京林业大学（中国工程院院士）

李佩成　长安大学（中国工程院院士）

王京民　国家林业和草原局西北调查规划设计院

刘　勇　国家林业和草原局西北调查规划设计院

舒志明　西北农林科技大学

冯永忠　西北农林科技大学

李瑞霞　中国农业科学院农业环境与可持续发展研究所

陈　哲　中国农业科学院农业环境与可持续发展研究所

韩瑞芸　中国农业科学院农业环境与可持续发展研究所

刘宏元　中国农业科学院农业环境与可持续发展研究所

邢　磊　中国农业科学院农业环境与可持续发展研究所

曲旭东　国家林业和草原局西北调查规划设计院

马　浩　国家林业和草原局西北调查规划设计院

邓　晶　国家林业和草原局西北调查规划设计院

卜　静　国家林业和草原局西北调查规划设计院

贾　茜　国家林业和草原局西北调查规划设计院

梁宗锁　西北农林科技大学

郭宏波　西北农林科技大学

丛 书 序

　　秦巴山脉雄踞中国地理版图中心，是中国南北气候的分界线、黄河水系与长江水系的分水岭；是中华民族的重要发祥地、中华文明的摇篮；是国家重点生态功能区和生物多样性保护优先区，是中国的中央水库、生态绿肺和生物基因库；与欧洲阿尔卑斯山脉、北美落基山脉一同被世界地质和生物学界称为"地球三姐妹"，孕育了众多举世闻名的历史城市和人类聚居地。同时，秦巴山脉区域目前也是中国跨省级行政区最多、人口最多的集中连片贫困区，生态保护与扶贫攻坚任务艰巨。秦巴山脉区域及周边大中城市构成了中国承东启西、连接南北的重要战略区。认知秦巴、保护秦巴、振兴秦巴，坚持"绿水青山就是金山银山"的发展目标，协同做好绿色发展这篇大文章，对于确保国家生态安全，全面建成小康社会，推进区域协同创新发展，实现中华民族伟大复兴中国梦，具有重大战略意义。

　　2015年，中国工程院实施"秦巴山脉区域绿色循环发展战略研究"重大咨询项目，组织水资源保护、绿色交通、城乡统筹、农林畜药、工业信息、矿产资源、文化旅游等专题组和陕西、河南、湖北、四川、甘肃、重庆六省市地方组，由分属化工、环境、农业、土木、管理、能源、信息、机械等8个学部的24位院士分别负责相关课题，在六省市党政领导，国家发展和改革委员会、科学技术部、交通运输部、环境保护部、工业和信息化部、国家林业局、国务院发展研究中心等部委和单位的高度重视与大力支持下，由全国300余名专家学者参与，深入实地，对秦巴山脉区域进行了广泛的调研和认真研究。项目历时两年，先后召开大型研讨会14次，专题研讨会50余次，并赴阿尔卑斯山脉和落基山脉进行了有针对性的比对调研，探讨了秦巴山脉区域生态环境保护与经济社会发展之间的绿色、低碳、循环发展路径，形成了一系列研究成果：在项目执行期间，项目组以中国工程院名义向国务院提交建议报告一份、以全国人大代表名义向全国人大提交建议3份，完成研究报告15份，发表相关研究论文60余篇；协助组织"丹江口水都论坛"一次，成功举办了"第231场中国工程科技论坛——秦巴论坛"，并在该论坛上发布《秦巴宣言》。

　　本丛书是"秦巴山脉区域绿色循环发展战略研究"重大咨询项目研究成果的

整体凝练，从8个领域的专业视角，以及相关六省市的地域综合视角，通过跨领域、跨地域研究体系的搭建，以秦巴山脉区域为主要研究对象，同时对周边城市地区进行关联研究，提出了秦巴山脉区域生态保护与绿色发展必须以周边城市区域为依托协同共进的重要思路，探索了生态高敏感地区保护与发展创新路径，并从国家公园建设、产业转型培育、空间整理优化、文化保护传承、教育体制创新等方面明晰了战略对策。本丛书可为秦巴山脉区域和国内其他贫困山区实现"绿水青山就是金山银山"的战略目标提供借鉴，可供咨询研究单位、各级行政管理部门和大专院校师生学习参考。

"秦巴山脉区域绿色循环发展战略研究"重大咨询项目的实施旨在牢固树立优美的生态环境就是生产力、保护生态环境就是保护生产力、改善生态环境就是发展生产力的理念，倡导绿色生产、生活方式，使蓝天常在、青山常在、绿水常在，实现人与自然和谐共处的创新发展新格局！

序　言

　　人类文明传承离不开农业，农业持续繁荣又离不开良好的自然环境。因此，保护生态环境就是保护人类自己。秦巴山脉横亘于中国中部，东西绵延约1 500千米，南北宽300~500千米，是我国南北地理与气候的分界线，是滋养长江与黄河流域农业文明的重要源地，是保障国家整体生态安全的重要高地。秦巴山脉农业绿色循环发展的意义已经远远超出秦巴山脉自身，也不仅仅限于甘肃、陕西、河南、湖北、四川与重庆五省一市，随着南水北调这一举世工程的运行，秦巴山脉之水北行至首都，恩泽于河南、河北沿途及京津地区社会经济的发展，秦巴山脉又被赋予了新的使命。

　　"盖秦岭天下之大阻也"出自西汉时期的史学家司马迁之作，是"秦岭"一词所能追溯的最早文字记载证据。传说汉江南岸是古代巴人活动的地带，因此取名"巴山"，而关中平原以南是秦国人活动的地带，因此取名"秦岭"。秦巴自古是天堑，众多南来北往的车马人客历尽艰难险阻才能通过。秦巴横亘，关山重重；汉江阻隔，云水遥遥。李白有诗曰"蜀道之难，难于上青天……不与秦塞通人烟……""见说蚕从路，崎岖不易行。山从人面起，云傍马头生"，韩愈诗曰"云横秦岭家何在？雪拥蓝关马不前"。现如今，天堑变通途，随着秦巴山脉全方位开发战略的实施，秦巴之地日益开放，内外物流也日益繁荣，关于生态的环境保护与产业的绿色发展也呼之欲出。

　　事实上，关于秦岭的保护自古已有之。秦国依秦岭成就了横扫六和、独霸天下的霸业。大秦帝国先后几次迁都未曾离开秦岭，秦岭被视为关乎兴衰存亡的"龙脉"，即使是在阿房宫大兴土木之时也明令禁止采伐秦岭一石一木。这也许就是秦岭生态环境一直很好的重要原因之一。得益于秦岭水气滋养，风调雨顺的八百里秦川承载了一个人类历史奇迹——十三朝古都长安，周秦汉唐时期可谓风华正茂、一枝独秀、傲视群雄，成为世界经济文化中心，把中华古代文明弘扬四海。

　　今日的秦巴山脉已经发生了深刻的变化，其对生态环境的影响已不同于往昔。"秦巴山脉农林畜药绿色循环发展战略"课题是秦巴山脉项目的主要研究内容之一，其主要任务是在揭示秦巴山脉农业发展现状的基础上，提出适合区域环境特点的农业绿色循环模式，为区域农业产业升级与农村经济发展提供战略支撑。让我特别感动的是，刘旭院士/副院长在百忙之中抽出时间，带领课题组成员深入秦巴腹地，在汉江流域的汉中、安康、商洛、十堰等地开展调研，历经数十日，为课题研究拿到了第一手资料，对课题的顺利完成奠定了基础。另外，我特别感谢李佩成与尹伟伦两位院士，他们事必躬亲，多次参与课题调研与咨询，提出了诸多重要建议，为课题研究做出了重大贡献。最后，还要感谢课题组其他成员为秦巴山脉农业绿色循环发展战略研究付出的努力！

秦巴山脉农业绿色循环发展任重而道远，秦巴山脉绿色崛起的目标还很远。秦巴山脉绿色循环发展战略研究项目一期取得了重要的阶段性成果，得到了国家领导人、有关部委与省市相关领导人的认可；在二期即将启动之际，希望调研组再接再厉，为秦巴山脉绿色循环发展做出更大的贡献，为我们"父亲山"的生态环境可持续发展做出卓越的贡献！

中国工程院副院长徐德龙

2017年3月于北京

前　言

　　秦巴山脉是秦岭山脉与大巴山脉的合称，是指以汉水流域为腹地，毗邻秦巴山与大巴山的自然区域，涉及五省一市，包括甘肃省、陕西省、河南省、四川省、湖北省和重庆市。秦岭山脉是长江与黄河的分水岭，西起嘉陵江，东至伏牛山，全长约1 500千米，东西宽100~150千米；大巴山是汉江流域与四川的地理分界线，西起嘉陵江谷，东至湖北武当山，绵延约560千米，东西宽约140千米。秦巴山脉群山毗连、峰峦重叠、森林茂密、千崖万壑，河流源远流长，山间镶嵌着的大小盆地与谷地，大多土壤肥沃、气候温和、河流纵横、阡陌交错，成为秦岭山脉的主要农业生产区，其中以汉江流域的江汉平原最大，为富庶农区。

　　秦巴山脉是我国南北气候带分界线，境内群山起伏造就了相对独立的自然单元。随着国家多维度开发及一些重大工程建设的进行，自然与社会的区位功能也发生了改变，有些功能被赋予了更高更严的目标，对现有的社会生产方式提出了更高要求，农林畜药绿色循环发展因此而受到广泛重视。秦巴山脉的主要问题包括：①生存环境压力大与农村劳动力短缺问题并存。人多地少，人均耕地资源不足1亩，且以坡耕地为主；区域年均外出务工人口约1 405万人，约是区域总人口的22%，农村人口的29%，农村劳动力的49%。②农业面源污染不容忽视。化肥施用量748千克/公顷，是全国平均用量的1.5倍；农村生活污水、生活垃圾与规模化畜禽养殖污染不同程度地普遍存在，对部分区域的水质构成潜在污染。③农村经济基础薄弱，农产品加工落后，农业产业发展相对滞后，农业劳动力素质总体较差，农业技术推广应用难度大，农村社区经济发展后劲不足。④林地整体质量中等，生产力较低，是我国水土流失较为严重的地区之一。秦巴山脉区域在发展有机农业、特色农业与旅游农业方面具有得天独厚的优势，通过推动土地流转，促进农业向规模化、产业化、品牌化转型发展。

　　"秦巴山脉农林畜药绿色循环发展战略"课题属于中国工程院重大咨询研究项目"秦巴山脉绿色循环发展战略"项目，在课题研究报告的基础上，本书编者编制了这部著作。全书共包括八章与四个单行本附件。第一章为农林畜药发展的基础条件，包括自然地理与区域特点、农林气候资源、水资源、土壤与耕地资源、秦岭山脉生物资源、人口与劳动力资源、社会经济发展水平。第二章为农林畜药发展概况及主要成就，包括秦巴山脉农业发展概况、秦巴山脉种植业、秦巴山脉林业、秦巴山脉养殖业、秦巴山脉中药材、秦巴山脉农林畜药发展的主要成就。第三章为农林畜药绿色循环发展中的问题，包括生存发展与生态环境矛盾突出，农业发展生产方式转变难度大，农业资源碎片化影响农业规模经营与布局，知名特色农产品品牌少、深加工不足，农产品特色产品销售渠道与平台薄弱。第四章为秦巴山脉绿色循环发展的指导思想、战略目标、阶段目标、战略思路与战略模式。第五章为秦巴山脉绿色循环发展的战略重点，包括山地生态环境红线管理与环境质量提升、科教引领、特色农产品品牌打造、基于农牧良性循环的生态农业发展、林下特色经济发展及山地特色农产品加工与营销。第六章为农林畜药各业发展重点内容，介绍了种植业、林业、养殖业、中药材方面的重点发展内容，并以汉江流域为例，介绍了主要流域农业绿色循环发展战略。第七章为主要结论。第八章为主要建议，提出水源区启动"秦巴山脉绿色循环农业综合试验示范区"项目，实施退耕还林、河道整治、土地流转登记一体化项目，打造"秦巴山脉"地理标志商标，启动秦巴中小学生生态教育与农民职业培训基地项目。四个单行本附件包括关于建立"秦巴山脉土地流转综合试验与示范区"的建议、关于注册"秦巴山脉"地理标志商标的建议、秦巴山脉汉江流域调研报告，以及秦巴山脉2014年主要统计数据汇总。

本书由中国工程院、中国农业科学院农业环境与可持续发展研究所、西北农林科技大学与国家林业和草原局西北调查规划设计院通力合作完成。

本书在编写过程中，引用了许多学者的研究成果，在此表示忠心的感谢！由于时间仓促，本书只能针对重点与典型区域开展调研，加上编者能力有限，不足之处在所难免，敬请专家、读者批评指正，编者将不胜感激！

刘旭、梅旭荣、杨正礼、杨世琦
2019年3月于北京

目　录

第一章　农林畜药发展的基础条件

一、自然地理与区域特点

　　秦巴山脉是秦岭山脉与大巴山脉的总称，其中，秦指秦岭山脉，巴指大巴山脉。秦巴山脉就是指长江最大支流——汉水上游的秦岭大巴山及其毗邻地区，地跨甘肃省、四川省、陕西省、重庆市、河南省、湖北省六省市，其主体位于陕南地区。秦岭是横贯中国中部的东西走向山脉。西起甘肃省临潭县北部的白石山，向东经天水南部的麦积山进入陕西，在陕西与河南交界处分为三支，北支为崤山，余脉沿黄河南岸向东延伸，通称邙山；中支为熊耳山；南支为伏牛山。秦岭山脉长1 600多千米，为黄河支流渭河与长江支流嘉陵江、汉水的分水岭。由于秦岭南北的温度、气候、地形均呈现差异性变化，因而秦岭——淮河一线成为中国地理上最重要的南北分界线（图1-1）。秦岭被尊为华夏文明的"龙脉"，主峰太白山高3 771.2米，在陕西省宝鸡市内。秦岭为陕西省内关中平原与陕南地区的界山，是长江和黄河流域的分水岭。秦岭以南属亚热带气候，自然条件为南方型，以北属暖温带气候，自然条件为北方型；秦岭南北的农业生产特点也有显著的差异。因此，长期以来，人们把秦岭看作我国"南方"和"北方"的地理分界线。大巴山是四川盆地北部的天然屏障，阻滞、削弱了冬半年北方冷空气的南侵，对四川冬暖春早气候的形成影响重大。

　　秦岭西段大致可分为西、中、东三段。西段分为三支，北支为秦岭，也称南岐山或大散岭；中支为凤岭，有黄土堆积，水土流失比较严重；南支为紫柏山，在留坝的西北被称作柴关岭。这些山岭海拔均在1 500米以上，以紫柏山最高，海拔达2 610米。秦岭西段各山脉分别为清姜河与嘉陵江、嘉陵江左岸支流与沮水干流、支流以及褒河一些支流的分水岭和发源地。陕西秦岭的中段称为终南山，主要山岭有四方台、首阳山、终南山和东光秃山等，海拔在2 500~3 000米，是沣河、涝河、浐河、子午河、旬河和金钱河等的发源地。由秦岭梁向东南延伸的平河梁，主峰是广东山，海拔为2 675米。在旬河和社川河流域，有近东西向延伸的古道岭、海棠山和羊山，山势低缓，海拔在1 500米左右，是月河主

图1-1　秦龄—淮河一线

要支流——恒河、付家河、蜀河、池河等干、支流的发源地。骊山是陕西秦岭中段北麓外延的断块山，主峰是仁宗庙，海拔为1 302米。来自骊山的溪流，有的成为灞河的支流，有的直接流入渭河。陕西秦岭的东段呈手指状，向东南展开。从北向南依次是太华山、蟒岭、流岭、鹘岭和新开岭，海拔在1 500~2 500米；南洛河、丹江及其支流银花河分布其间，成为山河相间的岭谷地形。秦岭主脊草链岭和太华山，是丹江、南洛河以及秦岭东段北坡山涧溪流的分水岭与发源地。

大巴山南面的四川盆地为中亚热带气候，而北面的汉中盆地则属于北亚热带气候。大巴山是中国中亚热带气候和北亚热带气候的分界线，大部分地区属北亚热带气候。

二、农林气候资源

　　秦巴山脉地处北半球中纬度，属大陆性季风气候。秦岭对气流运动有明显的阻挡作用，是我国1月0℃等温线、湿润半湿润区分界线和800毫米降水等值线，冬季将来自西伯利亚的寒冷气流阻挡在秦岭北坡，夏季将来自西太平洋的暖湿气流挡在秦岭以南，导致其南北气候条件对比鲜明，气温、降水、干湿状况、水资源、土壤植被、农业结构等差异大。图1-2为横穿秦巴山脉区域的汉江。

图1-2　汉江（汉中市）

　　秦岭北坡属于暖温带，年平均气温在11℃左右，年降水量为500~700毫米，属半湿润区；而秦岭以南属于亚热带气候，四季分明，雨量充沛，属湿润区，河流常年不冻，年平均气温在14℃以上，年均降水量在800毫米以上，大巴山区则大于1 000毫米/年，无霜期为210~256天，≥10℃的等效积温为4 500~5 000℃。

　　此外，秦岭山区山地高耸，垂直气候明显，南坡出现北亚热带、暖温带、中温带、冷温带及亚寒带等多种气候带，北坡仅比南坡少一个北亚热带。其中第一个垂直带是南坡的北亚热带，也是人们通常所说的水平基带，上限高度约为800米，≥10℃的等效积温4 500℃以上，1月平均气温高于0℃；第二个垂直带为暖温带，≥10℃的等效积温3 500~4 500℃，上限高度约为1 200米；第三个垂直带为中温带，≥10℃的等效积温1 600~3 500℃，其上限高度约为2 400米，本带是农作物生长的上限，种植高度一般为1 400~1 500米，个别上限可达1 800米；第四个垂直带为冷温带，≥10℃的等效积温1 600℃以下，上限高度到3 400米左右；最后一个垂直带为亚寒带，本带无≥10℃的等效积温，最热月气温低于10℃，上限高度在3 400米以上。

　　秦岭山脉中山以下地区春夏秋冬四季的气候具有干湿、冷暖分明，干冷与暖湿同季的特点。2 000米以上的中高山地区，冬季寒冷，无夏，春夏秋三季不分明。秦岭山地垂直气候带明显，山地南北的自然景观及农业有很大的差别。由于秦岭对南北气流的阻隔作用强，所以南北温度差异大，温度随高度变化的快慢不一样，一般是南面比北面递减快，且冬季差异大夏季差异小。秦岭山区气温的一般特点是冬季寒冷，夏季炎热，春季升温快，秋季降温迅速，春秋季气温多变。降水集中在夏季与秋季，占全年降水量的55%左右，但由于地形的影响，降水有明显的垂直变化与水平变化。图1-3为陕西汉中秦巴梯田。秦岭山地最大降水高度南北差异不大，一般规律是夏季南坡比北坡低，冬季正好相反，但总的降水量是南坡远比北坡多，在海拔1 000米以下多100~200毫米，海拔1 000~2 000米多50~100毫米。秦岭海拔2 000米左右的山区，一般于10月中旬开始降雪，高山地区8月下旬也有降雪，至翌年5月结束。秦岭山脉的空气湿度一般随海拔升高而迅速减小，到一定高度后达到最小值又开始转为向上增大。所有高度都是南坡的相对湿度比北坡大，夏季大8%~9%，冬季大2%~5%。秦岭山脉平均风速随海拔的升高而增加，且北坡风速总是比南坡大，主要出现在1月与7月。秦岭山区的雾日平均为5天，北坡雾主要在海拔500米，南坡雾主要在海拔750米。秦岭日照时数随高度变化比较复杂，在海拔750~1 000米日照时数最长，向下迅速减少，向上由于绝热雾和低云，日照量也减少；在海拔1 300米以上区域，日照时数变化不大，为1 800~1 850小时；在海拔1 000米以下区域，北坡的日照时数比南坡平均多300小时。

图1-3　陕西汉中秦巴梯田

　　广义的大巴山是指绵延四川省、陕西省、甘肃省和湖北省边境山地的总称，长1 000千米，为四川盆地、汉中盆地的分界山，属褶皱山。大巴山东与神农架、巫山相连，西与摩天岭相接，北以汉江谷地为界；西北—东南走向。山峰大部分海拔在2 000米以上，因石灰岩分布广泛，喀斯特地貌发育，有峰丛、地下河、槽谷等，还有古冰川遗迹。河谷深切，山谷高差为800~1 200米，只有城口、万源等少数小型山间盆地。狭义的大巴山在汉江支流经河谷地以东，四川省、陕西省、湖北省三省边境，为汉江与嘉陵江的分水岭，海拔为1 300~2 000米。主峰为大神农架，海拔3 053米，位于湖北省神农架林区，富林、矿资源。巴山松、巴山冷杉为其特有树种。经济林木以油桐、白蜡树、茶树、竹类为主。有红桦、红杉、冷杉、栓皮栎等茂密原始林。其木耳生产在中国有名，通江的银耳、城口的大木漆，以产量大、质量优著称全国。另有大量草山草坡，可用以牧养黄牛和山羊。成渝、襄渝、安阳铁路通车，并有不少穿越大巴山的公路。大巴山年平均气温：米仓山、大巴山、神农顶等山脊为14℃以下；大巴山南麓（奉节、巫山一带）为16~18℃；其余地域为14~16℃。年平均降水量：米仓山东部为1 200毫米以下，神农架林区为1 400毫米左右，其余地域为1 000~1 200毫米。万源、巫溪一带是川陕鄂大巴山暴雨区的中心，年暴雨日6~8天。

三、水资源

（一）汉江

汉江是长江最大的一级支流。在发源地名漾水，流经沔县（现勉县）称沔水，东流至汉中始称汉水，自安康至丹江口段古称沧浪水，襄阳以下别名襄江、襄水。汉江是长江最长的支流，在历史上占据重要地位，常与长江、淮河、黄河并列，合称"江淮河汉"。汉江流经陕西、湖北两省，在武汉市汉口龙王庙汇入长江。河长1 577千米，1959年前流域面积为17.43万平方千米，位居长江水系各流域之首；1959年后减少至15.9万平方千米。干流在湖北省丹江口以上为上游，河谷狭窄，长约925千米；丹江口至钟祥为中游，河谷较宽，沙滩多，长约270千米；钟祥至汉口为下游，长约382千米，流经江汉平原，河道蜿蜒，曲折逐步缩小。汉江多滩险峡谷、径流量大，水力资源丰富，航运条件好。

陕西境内汉江流域面积只占全省面积的26.7%，而多年平均径流量却有247亿立方米，占全省多年平均径流量（437亿立方米）的56.5%，是陕西径流量最丰富的河流。径流量的地区分布不均匀，从径流深来看，总的趋势是南岸多于北岸，即大巴山多，秦岭少。汉江南岸的径流模数为14~36升/（秒·千米^2），而北岸只有9~16升/（秒·千米^2），这与降水的分布是一致的。流域的最大降水中心在喜神坝河、冷水河上游，多年平均降水量可达1 400毫米，因而形成径流高区，径流深大于1 000毫米，喜神坝达1 124毫米。此外，由于地形的影响，山地径流高于河谷盆地，如汉中、安康盆地多年平均径流深低于400毫米，而两侧山地的径流随海拔增加而增加，但其增加的梯度不同。秦岭南坡增加的梯度小，大巴山北坡增加的梯度较大，特别是冷水河、喜神坝河，梯度最大。年径流的变差系数反映径流的多年变化特点，汉江北岸支流径流的变差系数较大，为0.38~0.46；南岸支流较小，为0.25~0.34，即秦岭南坡径流的变化大于大巴山北坡，这种变化与降水的变化相适应。通常在降水量多而地面径流丰富的地区，径流的年际变化相对较小。大巴山北坡的降水量及径流量大于秦岭南坡，所以径流的年际变化小于秦岭南坡。喜神坝河、冷水河是流域降水最多、地表径流最丰富的地区，年径流的变差系数小于0.30，径流的年际变化也最小。

（二）嘉陵江

嘉陵江发源于秦岭北麓的陕西省凤县代王山，干流流经陕西省、甘肃省、四川省、重庆市，在重庆市朝天门汇入长江。嘉陵江干流全长1 345千米，干流流域面积为3.92万平方千米，四川省广元市昭化区以上为上游，广元市昭化区至重庆市合川区为中游，重庆市合川区至重庆河口为下游。嘉陵江河道的最显著特征就是河流袭夺现象多。略阳以上的嘉陵江上游，原属于汉江水系，后被嘉陵江袭夺。汉江在烈金坝以上干流成为峡谷，支流青泥沟却是宽谷，并由此沟头越过一低矮分水岭，岭上有河流冲积的卵石层，厚约0.5米，卵石大小均匀，一般直径为3~5厘米，底部为片岩。嘉陵江的二级支流响水沟到代家坝北流与巩家河相汇合后，再西流与嘉陵江成直角相交，这就是嘉陵江东岸的黑水。嘉陵江是长江水系中含沙量最大的河流，略阳站的年平均含沙量为7.94千克/米^3，最大年含沙量（1959年）为21.5千克/米^3，最小年含沙量（1965年）为2.15千克/米^3，远大于汉江安康站的1.27千克/米^3、2.38千克/米^3、0.44千克/米^3。含沙量的季节变化显著，年内含沙量最大值出现于7月，最小值出现于1月，二者相差约1 600倍，这与其流域内降水的季节变化、分布有深厚的黄土有关。嘉陵江上游总的流向由北到南略向西弯曲，纵坡比降为7.01‰，西岸山地高出平均水位200~600米，坡度一般在40°~70°，河床为砂、卵石，洪枯水位相差12米左右，水深一般为2~4米，最深可达12米以上。陕西省内，嘉陵江水系流域面积为9 930平方千米，占陕西省总面积的4.8%；省内年径流总量为56.6亿立方米，占陕西省径流总量的12.7%，其流量远大于陕西省内黄河流域的任何水系，其产水能力在陕西省各水系中居第一位。

（三）渭河

渭河是黄河最大的一级支流，发源于甘肃省定西市渭源县鸟鼠山，主要流经甘肃省天水市，陕西省关中平原的宝鸡、咸阳、西安、渭南等地，至渭南市潼关县汇入黄河。渭河干流横跨甘肃省东部和陕西省中部，全长818千米，流域总面积134 766平方千米。在甘肃省定西市内主要支流有秦祁河、大咸河、散渡河、义陇河等，集水面积为10 241.78平方千米，占渭河总面积（134 767平方千米）的7.6%，年输沙量为5 044万吨，境内侵蚀模数为5 100吨/千米²。渭河干流在陕西省内长502.4千米，流域面积为67 108平方千米，占陕西省内黄河流域总面积的50%。全河多年平均径流量为103.7亿立方米，其中陕西省内产流62.66亿立方米；每年输入黄河的泥沙达5.8亿多吨，约占黄河泥沙总量的1/3。渭河多年平均径流量为75.7亿立方米，陕西省内为53.8亿立方米。径流地区分布不均，总的趋势是自南向北减小，秦岭、关山区高，原区、谷地区低；西部大于东部，中游径流比下游丰富。秦岭北坡的径流模数较高，为9~15升/（秒·千米²），而黄土原区的径流模数只有0.8~2.2升/（秒·千米²），仅千河径流模数较高，千阳站为4.66升/（秒·千米²）。渭河干流的径流模数为2.5~3.7升/（秒·千米²），其中魏家堡、咸阳站较高，是支流加入造成的。渭河径流的季节变化明显，干流以秋季流量最大，占年径流的38%~40%，夏季占32.8%~34.2%，春季占17.7%~19.1%，冬季占8.3%~9.9%。南岸支流黑河及以西的河流以夏季径流量最大，秋季次之；黑河以东的河流则以秋季最大，夏季次之，春季径流量的比例较大，可占21%~27.3%。北岸支流以千河径流的年内分布最不均匀，秋季径流占52.6%，夏季径流占23.5%，春季径流也较低，为14.6%。漆水河径流的年内分配比较均匀，春季占23.2%，与夏季（25.1%）相近，冬季径流高达15.8%，比千河春季径流还高，是下垫面因素的影响造成的。

（四）伊洛河

洛河，古称雒水，黄河右岸重要支流。在河南偃师与伊河并流，亦被称为伊洛河。南洛河为洛河在水文上的名称。洛河源自陕西省蓝田县东北与渭南、华县交界的箭峪岭侧木岔沟，流经陕西省东南部及河南省西北部，在河南省巩义市河洛镇注入黄河。河道全长447千米，陕西省内河长为129.8千米，河南省内为366千米，流域总面积为18 881平方千米。洛河是陕西省内最长的河流。它发源于太白山南麓的草梁山，由西北向东南注入渭河，途经黄土高原区和关中平原两大地形单元。南洛河灵口站集水面积为2 473平方千米，多年平均径流深278.4毫米，多年平均径流总量为6.65亿立方米。地表径流深随地形升高而增加，并自西向东削减。河谷沿岸为低产流区，年平均径流深在250毫米以下，以此为轴向南、北二岭中部递增，变化范围为250~327毫米，为中产流区，秦岭、蟒岭中高部位为高值区，北部面积大于南部，最高区在石门河流域北部，径流深297毫米。灵口、庙湾一带由于蒸发量大，年平均径流深约在220毫米以下，为低产流区。直接入洛河的支流有24条，其中百平方千米以上支流有10条，主要有文峪河、石门河、石坡河、县河、东沙河等，河系呈不对称叶脉状，左侧支流长，多常流水，右侧支流短小，多季节河。伊河是洛河的最大支流，发源于栾川县伏牛山北麓张家村，经嵩县、伊川县、洛阳市，于偃师市杨村汇入洛河，河道长265千米，流域面积为6 029平方千米。

四、土壤与耕地资源

（一）土壤资源

秦巴山脉海拔落差大，山势陡峭，人为破坏活动较少，再加上温和的气候的影响，该地区自然植被发育非常旺盛，土壤资源丰富，类型多样。主要土类有黄棕壤、棕壤、粗骨土、褐土、黄褐土、石质土、水稻土等。秦巴山脉特殊的地形地貌，使土壤资源分布与气候和植被资源一样，也具有明显的垂直地带性特征，主要包括以下几个重要的土壤带。

（1）秦岭北坡水平基带，主要是以塿土为代表特征的褐土带，褐土主要处于暖温带半湿润区，受水分条件限制，大多不超过700毫米降水等值线，分布海拔大约在600米以下。

（2）秦岭北坡山地褐土、山地淋溶褐土带，上限海拔为820米左右，下与塿土带相接，地带性优势明显，上界由于降水丰富，气候湿润，淋溶作用较强，黏化作用较显著。

（3）秦岭南坡、巴山土壤水平基带，该基带主要土壤为水稻土，分布于海拔700米以下，是陕南地区重要的农业土壤，水稻土来源于黄褐土，是亚热带红壤、黄壤向暖温带褐土的过渡土类，具有黄壤和褐土的特征。

（4）秦岭南坡、巴山山地黄褐土带，海拔上限在1 000米左右，下与水稻土相接，是黄褐土到棕壤的过渡带，地带性优势很明显。

（5）秦岭南坡、巴山山地黄棕壤带，下接黄褐土，秦岭南坡分布范围为1 000~1 500米，而巴山上限则接近1 900米，比秦岭南坡要高，但均不超过1 000毫米降水等值线。

（6）秦巴山地棕壤、暗棕壤带，由于在一定的高度上水热条件和植被条件的变化，山地棕壤在1 300米以上形成明显的垂直性地带，水平分布也略有不同，自北向南逐渐升高，秦岭北坡1 300~2 500米，秦岭南坡1 400~2 600米，而巴山北坡则高达1 800~2 800米。棕壤带上接暗棕壤，分布上限也由北向南递减，秦岭北坡为3 100米，南坡为3 200米以上，而巴山则由于山体高度低于秦岭，未超过3 000米，从山地棕壤以上全部为暗棕壤，达到垂直分带的最上层。

（7）秦岭山地草甸土带，分布在秦岭海拔3 000~3 450米，这一带气候湿冷，属寒温带气候，土壤特征为弱酸性淋溶积淀和弱腐殖质积累。

（8）秦岭亚高山草甸土带，海拔3 300米以上树木绝迹，受冰川侵蚀严重，成土母质主要为岩石风化的残积物和坡积物，也有一些形成于冰碛物。

秦巴山脉土壤垂直地带的结构随着山地位置、高度、坡向的不同而呈现有规律的变化，山体越高，垂直带谱越完整，从北向南同类土壤分布高度逐渐增高。但由于山地多、坡度大，加上多数土壤结构差、黏性弱，抵御水土流失能力差，适合农业耕作的土壤面积不大，分布也基本集中在低海拔的冲积平原和盆地。

（二）耕地资源

秦巴山脉五省一市的总耕地面积为2 948.294万公顷[①]，占全国总耕地面积的24.23%。其中，重庆市耕地面积为223.593万公顷，占全国耕地面积的1.84%，占五省一市耕地面积的7.58%；湖北省耕地面积为466.412万公顷，占全国耕地面积的3.83%，占五省一市耕地面积的15.82%；陕西省耕地面积为405.035万公顷，占全国耕地面积的3.33%，占五省一市耕地面积的13.74%；河南省耕地面积为792.637万公顷，占全国耕地面积的6.51%，占五省一市耕地面积的26.88%；四川省耕地面积为594.740万公顷，占全国耕地面积的4.89%，占五省一市耕地面积的20.17%；甘肃省耕地面积为465.877万公顷，占全国耕地面积的3.83%，占五省一市耕地面积的15.80%（表1-1）。

表1-1　秦巴山脉各省市耕地面积及占全国比例

省市	耕地面积/万公顷	占全国比例	占五省一市比例
合计	2 948.294	24.23%	100%
重庆	223.593	1.84%	7.58%
湖北	466.412	3.83%	15.82%
陕西	405.035	3.33%	13.74%
河南	792.637	6.51%	26.88%
四川	594.740	4.89%	20.17%
甘肃	465.877	3.83%	15.80%

注：表中数字之和可能不等于100%，是因为数据进行了舍入修约

五、秦岭山脉生物资源

秦岭地区的秦巴山脉跨越商洛、安康、汉中等地，一直延伸至河南，自然资源比较丰富，素有"南北植物荟萃、南北生物物种库"之美誉。特色产品繁多，如核桃、柿子、板栗、木耳等，核桃、板栗、柿子产量居陕西省之首，核桃产

[①] 有关秦巴山脉五省一市的数据均来自《中国统计年鉴2015》《河南统计年鉴2015》《湖北统计年鉴2015》《陕西统计年鉴2015》《重庆统计年鉴2015》《四川统计年鉴2015》《甘肃统计年鉴2015》。

量占全国的1/6；它还是全国有名的"天然药库"。中草药种类有1 119种，列入国家"中草药资源调查表"的达286种。比较而言，秦岭被子植物中约有木本植物70科210属1 000多种，其中常绿阔叶木本植物有38科70属177种，除个别树种外，南坡都有生长，而北坡只有21属46种。秦岭以南柑橘、茶、油桐、枇杷、竹子等亚热带标志植物均可生长良好，而秦岭以北柑橘绝迹，盛产苹果、梨等温带水果。

秦岭地区的野生动物有大熊猫、金丝猴、羚牛等珍贵品种，鸟类有国家一类保护对象朱鹮和黑鹳。秦岭现设有太白山国家级自然保护区和佛坪国家级自然保护区。其中，大熊猫、金丝猴、羚牛、朱鹮被并称为"秦岭四宝"。在秦岭，还有鬣羚、斑羚、野猪、黑熊、林麝、小鹿、刺猬、竹鼠、鼯鼠、松鼠等数不清的哺乳动物，以及堪称世界上最为丰富的雉鸡类族群。秦岭南北的动物也有较大差别。就兽类来说，以秦岭为分界线，北界有23种，占兽类总数的42%。秦岭以南的兽类中，有不少南方动物，如华氏菊蝠、金丝猴、大熊猫、猪獾、大灵猫、小灵猫、云豹、羚牛、苏门羚、豪猪等。

大巴山多古老的特有植物，如连香树、水青树、珙桐、香果树、银杏、领春木等，为中国亚热带与温带多种古老植物发源地之一。大巴山南坡的南江县焦家河是中国常绿阔叶林中水青冈原始林保存最好的地区。大巴山保护区还有珙桐、红豆杉、独叶草等6种国家一级保护植物。位于大巴山内的神农架林区面积为3 253平方千米，森林覆盖率达70%，是中国原始林区之一。山区植物种类多，还有白蛇、白熊等数十种珍稀动物，其中属于国家保护的野生动物40种，国家一级保护动物有豹、云豹、林麝、金雕等，国家二级保护动物有金猫、猕猴、斑羚、红腹锦鸡、红隼、大鲵等，国家保护的有益的或者有重要经济、科学研究价值的陆生野生动物有刺猬、狼、野猪、野兔、中华竹鼠、杜鹃、中国林蛙、竹叶青蛇等。

六、人口与劳动力资源

从表1-2中可以看出，五省一市是全国人口密度较大的区域，2014年末常住人口占全国的23.94%，比全国平均值约高8个百分点，区域生态环境压力较大，但同时也是全国劳动力资源的输送源。从城镇人口比例来看，五省一市平均值比全国平均值约低4.6个百分点，重庆市、湖北省高于全国平均水平，陕西省接近全国平均水平，四川省与甘肃省低于全国平均水平，表明农村全面提速发展是五省一市的主要目标。

表1-2 五省一市常住人口与城镇人口比例

省市	年末常住人口比例		城镇人口比例	
	2013年	2014年	2013年	2014年
河南	6.92%	6.90%	43.80%	45.20%
湖北	4.26%	4.25%	54.51%	55.67%
重庆	2.18%	2.19%	58.34%	59.60%
四川	5.96%	5.95%	44.90%	46.30%
陕西	2.77%	2.76%	51.31%	52.57%
甘肃	1.90%	1.89%	40.13%	41.68%
五省一市	23.99%	23.94%	48.83%	50.17%
全国	100%	100%	53.73%	54.77%

从表1-3来看，五省一市的流动人口有3 089.18万人（=总人口-常住人口），是我国典型的劳动力资源输出大区。五省一市的秦巴山脉总人口比常住人口多873.57万人[1]，占五省一市流动人口的28.28%，远高于秦巴山脉合计人口在五省一市的人口比例18.15%，说明秦巴山脉是五省一市乃至全国的劳务输出重点区域。

表1-3 秦巴山脉人口情况（单位：万人）

地区	总人口	常住人口	农村人口	农村劳动力	农业从业人口
重庆秦巴	732.78	549.14	507.36	306.36	119.31
湖北秦巴	780.99	753.99	523.26	298.85	111.03
陕西秦巴	1 367.00	1 240.15	1 022.21	643.79	266.95
河南秦巴	1 322.53	1 146.39	888.49	658.08	411.23
四川秦巴	1 726.80	1 411.71	1 352.80	709.03	407.49
甘肃秦巴	564.19	519.16	472.15	257.63	152.69
秦巴合计	6 494.29	5 620.54	4 766.27	2 873.74	1 468.70
所属地市	13 370.62	12 043.62	9 285.38	5 238.31	2 588.65
五省一市	35 773.88	32 684.70	24 734.20	14 177.37	7 382.17

[1] 五省一市涉及秦巴山脉的数据均由《陕西省农业统计资料2015》《河南省农业统计资料2015》《湖北省农业统计资料2015》《重庆市农业统计资料2015》《四川省农业统计资料2015》《甘肃省农业统计资料2015》及各省市下辖市县的农业统计资料中的数据合并计算而成，下同。

　　秦巴山脉农村人口与秦巴山脉总人口的平均比例为73.39%，其中甘肃省高达83.69%，最低的湖北省也达到67.00%，四川省、河南省、陕西省、重庆市分别达到78.34%、67.18%、74.78%和69.24%。

　　五省一市的秦巴山脉年输出农村劳动力总量达1 405.01万人，占秦巴山脉总人口的21.64%，占秦巴山脉农村人口的29.48%，占秦巴山脉农村劳动力的48.89%。重庆市、湖北省、陕西省、河南省、四川省、甘肃省年输出劳动力与总人口比例分别是13.33%、13.39%、27.45%、17.59%、21.49%和6.75%；输出劳动力与农村人口的比例分别是36.87%、35.89%、47.71%、27.78%、22.29%和21.53%；输出劳动力与农村劳动力的比例分别是61.05%、62.85%、62.78%、37.51%、42.53%和40.41%。由此可见，五省一市的秦巴山脉农村外出务工人员基本是总人口的五分之一、农村人口的三分之一、农村劳动力的二分之一；其中，陕西秦巴山脉的农村外出人口接近总人口的30%，重庆与湖北秦巴山脉的农村外出人口远远超过农村人口的三分之一，也远远超出农村劳动力的二分之一。

七、社会经济发展水平

　　2014年五省一市的GDP总量（129 633.7亿元）占全国GDP总量的20.4%，经济总量超过全国省市的平均值（假定平均水平3.3%），经济发展总量处于全国中等水平。河南省（32 155.86亿元）、湖北省（27 379.22亿元）和四川省（26 260.77亿元）超过全国的平均值，重庆市（14 262.60亿元）、陕西省（17 689.94亿元）和甘肃省（6 268.01亿元）低于全国平均值（重庆市的发展速度一直领先全国，大多情况下超10%）。河南省、湖北省、四川省体量大，具有规模优势，陕西省体量虽大但不具有规模优势，甘肃省属于欠发达省份，重庆市体量小但经济优势比较明显。

　　五省一市的整体经济优势并不明显，对秦巴山脉的全面发展拉力不够。通常情况下，只有在省市经济发展良好的情况下，秦巴山脉区域才有可能实现跨越式发展，也才有可能实现"弯道超车"；否则，只能借助外力如投资拉动、机制改革与政策调控等途径实现发展。

　　GDP结构透视（表1-4和表1-5）：第一产业（14 395.5亿元）占全国的比例超过GDP在全国的比例，表明五省一市具有农业产业优势，其中，河南省、湖北省和四川省的优势非常明显，是全国农业大省，陕西省与甘肃省农业较弱，重庆市因体量小而显得弱。第二产业（64 296.3亿元）与第一产业类似，河南省与四川省较高，陕西省接近平均值，甘肃省较低。第三产业（50 941.9亿元）在全国处于偏弱位置，仅河南省高于全国平均值，其他省市均低于全国平均值。

表1-4　2014年五省一市GDP在全国的比例

地区	GDP	第一产业	第二产业	第三产业	比2013年增长	人均GDP
河南	5.5%	7.1%	6.6%	4.2%	8.9%	79%
湖北	4.3%	5.4%	4.7%	3.7%	9.7%	101%
重庆	2.2%	1.8%	2.4%	2.2%	10.9%	103%
四川	4.5%	6.1%	5.3%	3.4%	8.5%	75%
陕西	2.8%	2.7%	3.5%	2.1%	9.7%	101%
甘肃	1.1%	1.5%	1.1%	1.0%	8.9%	57%
五省一市	20.4%	24.6%	23.6%	16.6%	9.4%	88%
全国	100.0%	100.0%	100.0%	100.0%	7.4%	100%

表1-5　五省一市GDP结构与全国比较

分类	GDP	第一产业	第二产业	第三产业
五省一市合计/亿元	129 633.7	14 395.5	64 296.3	50 941.9
五省一市GDP结构	100.00%	11.10%	49.60%	39.30%
全国/亿元	636 462.7	58 331.6	271 392.4	306 738.7
全国GDP结构	100.00%	9.16%	42.64%	48.20%

第二章 农林畜药发展概况及主要成就

一、秦巴山脉农业发展概况

（一）五省一市农林牧渔产值

五省一市的农林牧渔业总产值比例与第一产业基本相同，高出全国平均水平约8个百分点，农业与牧业的比例均比全国平均水平高出10个百分点左右，林业比全国平均水平低出约1个百分点，渔业比全国平均水平低出约4个百分点，表明五省一市是全国农业生产的主要区域，其中，河南省、湖北省和四川省是全国粮食主产省，也是全国农产品主要产出区域。五省一市的森林覆盖率总体高于全国平均水平，林业经济目前有待进一步提高，由于生产资源的限制，渔业发展总体较差，但湖北省的渔业生产处于全国较高水平（表2-1）。

表2-1 2014年五省一市农林牧渔产值与全国比较

省/市	农林牧渔业总产值比例	农业	林业	牧业	渔业	比2013年增长
河南	7.4%	8.2%	3.6%	8.7%	1.0%	4.2%
湖北	5.3%	5.0%	3.7%	4.9%	8.2%	5.6%
重庆	1.6%	1.8%	1.3%	1.7%	0.6%	4.3%
四川	5.8%	5.6%	4.6%	8.0%	1.9%	4.0%
陕西	2.7%	3.4%	1.7%	2.2%	0.2%	5.1%
甘肃	1.6%	2.1%	0.6%	0.9%	—	5.4%
五省一市	24.4%	26.1%	15.5%	26.4%	11.9%	4.8%
全国	100.0%	100.0%	100.0%	100.0%	100.0%	4.2%

与全国相比（表2-2），五省一市的农业与牧业高于全国平均值，尤其是农业（种植业）高出4个百分点。林业与渔业的比例低于全国平均值，林业经济有待进一步开发，渔业经济由于资源禀赋的限制，在部分区域有待进一步加强。

表2-2　2014年五省一市农林牧渔服务业总产值结构

产值及比例	农林牧渔服务业总产值	农业	林业	牧业	渔业
五省一市产值/亿元	24 845.6	14 345.8	658.1	7 654.8	1 228.6
五省一市产值结构	100.00%	57.74%	2.65%	30.81%	4.94%
全国产值/亿元	102 226.1	54 771.5	4 256.0	28 956.3	10 334.3
全国产值结构	100.00%	53.58%	4.16%	28.33%	10.11%

（二）五省一市主要农产品

与全国相比（表2-3），五省一市主要农产品中的粮食（15 232.3万吨）、油料（1 418.5万吨）、蔬菜（20 132.3万吨）、水果（7 251.2万吨）、肉类（2 300.6万吨）具有明显优势，奶类（668.4万吨）具有一定优势，棉花处于劣势，表明五省一市在全国农业中具有重要地位。分省而言，除了棉花外，河南省农业大省的地位非常明显。湖北省中等偏上，油料的优势明显；四川省油料与肉类优势明显；陕西省除了肉类外，均低于全国平均水平；甘肃省整体农业基础较差；重庆市由于地域面积较小，总量较小。

表2-3　2014年五省一市主要农产品与全国比较

地区	粮食	油料	棉花	蔬菜	水果	肉类	奶类
河南	9.5%	16.7%	2.4%	9.6%	9.8%	8.3%	8.9%
湖北	4.3%	9.7%	5.8%	4.8%	3.7%	5.1%	0.4%
重庆	1.9%	1.6%	—	2.2%	1.3%	2.5%	0.1%
四川	5.6%	8.6%	0.2%	5.4%	3.4%	8.2%	1.9%
陕西	2.0%	1.8%	0.7%	2.3%	7.1%	1.3%	5.0%
甘肃	1.9%	2.1%	1.0%	2.2%	2.4%	1.1%	1.0%
五省一市	25.2%	40.5%	10.1%	26.5%	27.7%	26.5%	17.3%
全国	100.0%	100.0%	100.0%	100.0%	100.0%	100.0%	100.0%

（三）五省一市城镇与农村居民可支配收入

2014年五省一市农村居民人均可支配收入与全国平均值（10 489元）相比，仅湖北省略高于全国平均值，河南省略低于全国平均值，重庆市与四川省约低10%，陕西省低20%以上，甘肃省约低40%，总体属于全国农村落后地区，但与2013年相比均有一定增长（表2-4）。2014年五省一市城镇居民人均可支配收入均低于全国平均值（28 844元），其中重庆排第一（约比全国平均值低13%），甘肃排第六（约比全国平均值低24%），其他省之间差距不明显。全国城镇居民人均可支配收入是农村居民的2.7倍，陕西省与甘肃省差距超过3倍，表明五省一市的城乡差距仍然较大。

表2-4　2013~2014年五省一市城镇与农村居民人均可支配收入与全国比较（单位：元）

地区	城镇居民人均可支配收入		农村居民人均可支配收入	
	2013年	2014年	2013年	2014年
河南	21 741	23 672	8 969	9 966
湖北	22 668	24 852	9 692	10 849
重庆	23 058	25 147	8 493	9 489
四川	22 228	24 234	8 381	9 348
陕西	22 346	24 366	7 092	7 932
甘肃	19 873	21 804	5 589	6 277
全国	26 467	28 844	9 430	10 489

（四）秦巴山脉农林牧渔产值、GDP、城镇与农村居民可支配收入

秦巴山脉的农林牧渔服务产值约为0.4万亿元，其中湖北秦巴、四川秦巴与陕西秦巴较高，各接近四分之一，陕西秦巴占23.03%，重庆秦巴占7.92%，甘肃秦巴最少，仅占秦巴山脉总值的4.53%。从农林牧渔服务产值构成来看，农业总产值为22 895 635万元，陕西、湖北、四川与河南秦巴所占比例基本相似，其中陕西秦巴略高，占23.71%，河南秦巴略低，占20.68%，重庆秦巴占8.73%，甘肃秦巴最低，占6.13%。林业产值为1 479 111万元，陕西秦巴最高，占26.65%，其次是河南秦巴，占24.01%，四川秦巴占21.76%，湖北秦巴占13.86%，重庆秦巴占9.73%，甘肃秦巴最低，占4.29%。牧业产值为14 188 937万元，四川秦巴最高，占29.21%，其他依次是湖北秦巴占28.55%，陕西秦巴占18.75%，河南秦巴占13.78%，重庆秦巴占6.96%，甘肃秦巴最低，占2.75%。渔业产值为1 088 431万元，湖北秦巴较高，占41.10%，四川秦巴占28.82%，陕西秦巴占11.20%，河南与重庆秦巴接近，分别占9.27%和9.32%，甘肃秦巴最低，仅占0.29%（各项百分比之和可能不等于100%，是因为有的数据进行了舍入修约）。服务业产值为1 132 414万元，陕西秦巴占24.78%，湖北秦巴占26.12%，河南秦巴占25.05%，四川秦巴占17.48%，重庆秦巴占5.06%，甘肃秦巴最低，仅占1.51%。

五省一市秦巴山脉的GDP情况大致如下：湖北秦巴最高，占27.14%，陕西秦巴占21.25%，河南秦巴占20.18%，四川秦巴占17.55%，重庆秦巴占10.09%，甘肃秦巴最低，仅占3.79%。五省一市秦巴山脉的人均GDP为26 115元，其中湖北秦巴最高，为36 810元，其余的依次为陕西秦巴30 537元、河南秦巴30 342元、重庆秦巴24 956元、四川秦巴18 747元、甘肃秦巴9 699元。从GDP总量来看，湖北与陕西秦巴为第一梯队，第二梯队是河南与四川秦巴，第三梯队是重庆与甘肃秦巴。GDP的第一梯队是湖北、陕西与河南秦巴（总体与人均都是湖北

秦巴最优），第二梯队是重庆与四川秦巴（第二梯队有交叉重叠），第三梯队是甘肃秦巴（总体与人均甘肃秦巴垫底）。

五省一市秦巴山脉农村居民人均可支配收入为7 084元，五省一市秦巴山脉城镇居民人均可支配收入为20 741元，差不多是农村居民的3倍，第一梯队陕西秦巴为27 268元，第二梯队是重庆、河南、四川与湖北秦巴，分别是20 881元、20 829元、19 774元和18 717元，第三梯队的甘肃秦巴为16 976元（表2-5）。

表2-5　秦巴山脉农林牧渔产值、GDP、城镇与农村居民可支配收入

区域	农林牧渔服务产值比例	农业	林业	牧业	渔业	服务	GDP	人均GDP/元	农村居民人均可支配收入/元	城镇居民人均可支配收入/元
秦巴山脉	100.00%	100.00%	100.00%	100.00%	100.00%	100.00%	100.00%	26 115	7 084	20 741
重庆秦巴	7.92%	8.73%	9.73%	6.96%	9.32%	5.06%	10.09%	24 956	7 725	20 881
湖北秦巴	24.06%	21.56%	13.86%	28.55%	41.10%	26.12%	27.14%	36 810	8 842	18 717
陕西秦巴	23.03%	23.71%	26.65%	18.75%	11.20%	24.78%	21.25%	30 537	8 175	27 268
河南秦巴	18.00%	20.68%	24.01%	13.78%	9.27%	25.05%	20.18%	30 342	6 728	20 829
四川秦巴	22.56%	19.19%	21.76%	29.21%	28.82%	17.48%	17.55%	18 747	5 773	19 774
甘肃秦巴	4.53%	6.13%	4.29%	2.75%	0.29%	1.51%	3.79%	9 699	3 536	16 976

注：表内百分比之和有可能不等于100%，是因为有的数据进行了舍入修约

在秦巴山脉农林牧渔服务产值结构中农业占55.14%，林业占3.62%，牧业占34.49%，渔业占2.67%，服务业占2.15%（表2-6），表明秦巴山脉是以种植业与养殖业为主体的区域，其中农业高出牧业将近20个百分点，可见农业具有非常重要的地位。就目前农林牧渔产值结构而言，秦巴山脉具有较大的林地面积，但林业产值的份额非常低，仅占总量的3.62%，说明秦巴山脉的林业产业相对滞后。渔业产值较低的原因是淡水养殖面积受到水资源的约束，农业服务产值份额也较低，整体农业服务行业发展水平不高。因此，秦巴山脉应该加强林业产业与服务业建设。

表2-6   秦巴山脉农林牧渔服务产值结构

产值结构	农林牧渔服务业	农业	林业	牧业	渔业	服务业
比例	100.00%	55.14%	3.62%	34.49%	2.67%	2.15%

二、秦巴山脉种植业

（一）秦巴山脉主要作物类型面积比较

秦巴山脉的农作物种植面积有6 559 745公顷，就比例而言，河南秦巴、四川秦巴接近秦巴山脉农作物种植面积的四分之一，陕西秦巴接近五分之一。粮食作物种植面积为4 189 622公顷，其中四川秦巴比例最高，占26.66%，其次是河南秦巴，占23.65%，最小的是甘肃秦巴，占9.94%。豆类作物种植面积为329 756公顷，陕西秦巴接近三分之一，河南秦巴超过四分之一，最小的是四川秦巴，占7.47%。薯类作物种植面积为724 553公顷，四川秦巴比例最大，达到40.58%，陕西秦巴接近五分之一，最小的湖北秦巴仅占3.91%。油料作物的种植面积为731 124公顷，河南与四川秦巴分别接近30%（河南秦巴略高于30%，四川秦巴略低于30%），重庆秦巴最低，为3.68%。秦巴山脉的主要经济作物烟叶的种植面积为170 925公顷，湖北秦巴面积最大，达41.80%，其次是河南秦巴占33.40%，陕西秦巴也达到了15.38%，比例最小的甘肃秦巴仅有0.85%，不及重庆秦巴。秦巴山脉的蔬菜种植面积为737 886公顷，四川秦巴最高，达26.29%，河南秦巴与陕西秦巴接近，分别为22.10%和21.33%，最低的甘肃秦巴仅有5.96%，不及重庆秦巴。秦巴山脉主要特色作物茶叶的面积为196 403公顷，其中陕西秦巴占比最高，达49.89%，几近半壁江山，湖北秦巴与四川秦巴各接近四分之一，最低的甘肃秦巴可能由于茶叶产业经济较差，统计资料中未涉及。秦巴山脉的水果种植面积为525 018公顷，其中河南秦巴最高，达30.51%，其次是陕西秦巴，占27.15%，湖北秦巴与四川秦巴分别为13.85%和14.45%，最低的是重庆秦巴，仅为2.26%（表2-7）。

表2-7   五省一市秦巴山脉主要作物类型种植面积比例

地区	农作物	粮食作物	豆类	薯类	油料	烟叶	蔬菜	茶叶	水果
秦巴合计	100.00%	100.00%	100.00%	100.00%	100.00%	100.00%	100.00%	100.00%	100.00%
重庆秦巴	11.02%	10.17%	8.85%	15.57%	3.68%	1.11%	9.35%	0.53%	2.26%
湖北秦巴	13.70%	12.90%	8.31%	3.91%	13.43%	41.80%	14.97%	24.69%	13.85%
陕西秦巴	18.46%	16.68%	32.73%	19.51%	17.98%	15.38%	21.33%	49.89%	27.15%
河南秦巴	23.59%	23.65%	25.62%	6.27%	30.55%	33.40%	22.10%	1.07%	30.51%
四川秦巴	24.66%	26.66%	7.47%	40.58%	29.30%	7.46%	26.29%	23.82%	14.45%
甘肃秦巴	8.57%	9.94%	17.01%	14.17%	5.08%	0.85%	5.96%	—	11.78%

注：表中百分比之和可能不等于100%，是因为有的数据进行了舍入修约

　　五省一市秦巴山脉农业产业布局特点差异较大，总体特征如下：农作物主区是四川与河南秦巴（这与两省在全国的农业地位一致，湖北秦巴在湖北省的农业地位有所降低）；粮食生产主区是四川与河南秦巴（四川、河南均为国家13个粮食主产省），两省的秦巴山脉片区仍然具有同等重要的位置；豆类主区是陕西与河南秦巴（总和超过秦巴山脉的一半），其次是甘肃秦巴；薯类主区四川秦巴占五省一市的40.58%；油料主区河南与四川秦巴均接近五省一市的三分之一；烟叶主区是湖北与河南秦巴，二者之和超过全秦巴山脉的四分之三；蔬菜主区四川秦巴所占的比例超过四分之一，其次是河南与陕西秦巴，比例超出五分之一；茶叶的主区是陕西秦巴，占将近秦巴山脉的一半，湖北与四川秦巴合计接近秦巴山脉的一半；水果主区是河南与陕西秦巴。

　　农作物面积比例情况反映了农业产业的布局特征。详细情况分析如下：农业产业总体布局中的第一梯队是四川与河南秦巴（二者之和接近秦巴山脉总量的一半），第二梯队是陕西秦巴，第三梯队是重庆与湖北秦巴，第四梯队是甘肃秦巴；粮食产业布局中四川秦巴为第一梯队，超过四分之一，河南秦巴为第二梯队，陕西与湖北秦巴为第三梯队，重庆与甘肃秦巴为第四梯队；豆类产业布局中陕西与河南秦巴为第一梯队，甘肃秦巴为第二梯队，重庆、湖北和四川秦巴为第三梯队；薯类产业布局中第一梯队为四川秦巴，第二梯队为陕西秦巴，第三梯队为重庆与甘肃秦巴，第四梯队是河南与湖北秦巴；油料产业布局中河南与四川秦巴为第一梯队，陕西与湖北秦巴为第二梯队，甘肃与重庆秦巴为第三梯队；烟叶产业布局中湖北与河南秦巴为第一梯队，陕西秦巴为第二梯队，四川秦巴为第三梯队，重庆与甘肃秦巴为第四梯队；茶叶产业布局的第一梯队为陕西秦巴，第二梯队为湖北与四川秦巴，第三梯队为河南与重庆秦巴；蔬菜产业布局中第一梯队是四川、河南与陕西秦巴，第二梯队是湖北秦巴，第三梯队是重庆与甘肃秦巴；水果产业布局中河南与陕西秦巴为第一梯队，四川、湖北与甘肃秦巴为第二梯队，重庆秦巴为第三梯队。农业产业布局优势不代表产品优势，经营水平的差异可能导致产品优势发生变化，加上产品质量与经营模式等的影响，产业经济优势也可能发生改变，但总的情况是种植面积及其布局是产业发展的基础。

　　秦巴山脉的农作物种植面积的总体结构反映了粮食作物在秦巴山脉占有绝对优势，占55.60%，最高的四川秦巴高达79.02%，最低的甘肃秦巴也达到了52.60%，农业结构调整具有较大的空间（表2-8）。

表2-8　五省一市秦巴山脉农作物种植结构

地区	农作物播面	粮作播面	谷物播面	豆类播面	薯类播面	油料播面	烟叶播面	蔬菜播面
秦巴山脉	100.00%	55.60%	24.78%	4.21%	12.76%	11.86%	2.18%	11.49%
重庆秦巴	100.00%	67.47%	19.32%	6.26%	31.44%	7.92%	1.56%	14.32%
湖北秦巴	100.00%	68.80%	—	2.50%	3.29%	11.90%	6.61%	12.68%
陕西秦巴	100.00%	63.11%	35.27%	7.01%	11.68%	11.33%	1.73%	13.22%
河南秦巴	100.00%	65.48%	57.93%	4.49%	3.06%	15.73%	3.07%	10.87%
四川秦巴	100.00%	79.02%	—	1.25%	18.97%	14.43%	0.66%	12.37%
甘肃秦巴	100.00%	52.60%	26.70%	5.20%	14.30%	4.50%	0.10%	5.10%

（二）秦巴山脉主要作物产量比较

秦巴山脉粮食产量为24 803 506吨，其中，河南秦巴占36.60%，四川秦巴占23.67%，最小的甘肃秦巴占5.45%。豆类产量是1 547 461吨，其中，四川秦巴最高，为60.55%，河南秦巴占17.00%。薯类产量是3 727 584吨，其中，四川秦巴最高，为34.53%，重庆、陕西与河南秦巴均在16%左右，最低的湖北秦巴仅有5.24%。油料产量是2 634 231吨，最高的是河南秦巴，占58.75%，其次为四川秦巴，占16.85%，最低的甘肃秦巴仅有2.07%。烟叶产量是280 769吨，其中，河南秦巴具有明显优势，占56.30%，其次是陕西秦巴，占17.30%，最低的甘肃秦巴仅有1.04%。蔬菜产量是29 816 143吨，最高的是河南秦巴，占46.29%，其次是四川秦巴，为18.49%，最低的是甘肃秦巴，仅有2.59%。茶叶产量是97 323吨，其中，陕西秦巴产量最高，占49.63%，其次是湖北秦巴，占25.27%，重庆秦巴仅有3.30%。水果产量是8 598 628吨，其中，最高的是河南秦巴，占41.34%，其次是陕西秦巴，占20.42%，最低的是甘肃秦巴，占5.54%。秦巴山脉的特色水果柑橘的产量为2 577 554吨，其中，最高的是四川秦巴，占39.26%，其次是陕西秦巴，占20.15%，河南秦巴占4.48%（表2-9）。

表2-9　五省一市秦巴山脉主要作物产出比较

地区	粮食产量	豆类产量	薯类产量	油料产量	烟叶产量	蔬菜产量	茶叶产量	水果产量	柑橘产量
秦巴合计	100.00%	100.00%	100.00%	100.00%	100.00%	100.00%	100.00%	100.00%	100.00%
重庆秦巴	8.44%	2.93%	15.68%	3.14%	7.51%	6.57%	3.30%	14.24%	17.77%
湖北秦巴	13.82%	3.64%	5.24%	9.53%	9.52%	10.13%	25.27%	7.02%	18.35%
陕西秦巴	12.01%	9.07%	16.15%	9.66%	17.30%	15.92%	49.63%	20.42%	20.15%
河南秦巴	36.60%	17.00%	16.83%	58.75%	56.30%	46.29%	2.69%	41.34%	4.48%
四川秦巴	23.67%	60.55%	34.53%	16.85%	8.32%	18.49%	19.11%	11.43%	39.26%
甘肃秦巴	5.45%	6.80%	11.58%	2.07%	1.04%	2.59%	—	5.54%	

注：表中百分比之和可能不等于100%，是因为有的数据进行了舍入修约。

目前，五省一市的秦巴山脉不同类型作物产业总体特点如下：粮食产业重点在河南与四川秦巴（与其属于全国13个粮食重点生产省的现实相吻合），豆类产业的重点在四川与河南秦巴，薯类产业的重点在四川、河南、陕西与重庆秦巴（薯类产业的面最广），油料产业的重点在河南与四川秦巴，烟叶产业的重点在河南与陕西秦巴，蔬菜产业的重点在河南、四川和陕西秦巴，茶叶产业的重点在陕西、湖北和四川秦巴，水果产业的重点在河南、陕西、重庆与四川秦巴（水果产业分布也比较广泛），柑橘产业的重点在四川、陕西、湖北与重庆秦巴（柑橘产业分布也相对广泛）。整体而言，甘肃秦巴的农业产业相对较弱。

主要作物产出能够基本表明各地的农业产业状况、农业技术水平、劳动者技能、经营模式或经营体制等，甚至能反映出政府管理水平与管理者的行政素质；另外，自然环境往往对其也有很大影响，有时候也是决定性作用。因此，农业产业发展问题要进行综合科学的考察，针对具体问题进行具体分析，才能解决产业瓶颈，实现弯道超车，甚至实现跨越式发展。

（三）秦巴山脉人均主要农产品与耕地

秦巴山脉人均粮食产量较高，人均耕地面积、人均播种面积、人均农产品占有情况及复种指数见表2-10。总体看来，人均耕地面积少，复种指数总体上处于较高水平。

表2-10　秦巴山脉人均主要农产品产量、耕地面积与复种指数

地区	粮食/千克	油料/千克	耕地面积/亩	播种面积/亩	复种指数
五省一市秦巴	468.29	59.64	0.91	1.93	213.79%
重庆秦巴	345.22	16.61	0.84	1.78	212.25%
湖北秦巴	530.14	47.25	0.81	2.08	256.71%
陕西秦巴	285.39	27.41	0.80	1.67	209.46%
河南秦巴	829.18	172.02	1.16	2.11	182.22%
四川秦巴	410.67	37.78	0.67	1.69	252.57%
甘肃秦巴	316.12	14.27	1.50	2.90	192.71%

粮食安全通常考虑谷物（包括豆类）、薯类、肉（包括水产品）、奶、蛋、蔬菜、水果、食用油与坚果等。通过对照可以发现，五省一市秦巴地区仅粮食一项指标已经高于国际安全区间，接近国内粮食安全的上限，如果考虑到其他农产品，整个秦巴山脉的人们就不存在吃饭问题。就省之间的比较来看，人均粮食占有量差异性比较大，粮食安全级别较高的是河南与湖北秦巴，安全性较低的是陕西、甘肃与重庆秦巴。尽管重庆秦巴人均粮食仅有345.22千克，但考虑到还有其他农产品补充，以及大部分农村地区的家庭养殖消耗的粮食很少，口粮基本上能

达到自给水平（国际上的粮食安全标准区间是[263，346]千克/人，我国执行的粮食安全区间是[372，488]千克/人）。

秦巴山脉人均农产品占有量受周边市县的平原区域影响较大，提升了秦巴山脉区域的人均农产品占有水平，其中最显著的是河南省南阳市与湖北省襄阳市。南阳与襄阳是我国主要粮食产区，南阳有"中州粮仓"之称，是全国粮、棉、油、烟集中产地，其下辖的6个县市区是国家商品粮、棉基地，年粮食产量达512万吨；襄阳是全国20个商品粮基地市之一，是湖北省第一粮食大市，粮食总产也接近500万吨。这两个市的人均粮食已经超过千斤（1斤=0.5千克），对河南与湖北秦巴区域的贡献很大，对整个秦巴山脉的贡献也不能忽视。秦巴山脉内部人均粮食占有水平实际上并不高，有些区域甚至比较低，但如果把肉、奶、蛋、蔬菜、瓜果考虑在内，人均粮食的占有量就在国家粮食安全区间内，有的甚至超过上限（考虑到劳动力常年外出打工的情况，粮食可能更富裕一些）。因此，就近几年而言，秦巴山脉内部区域的粮食生产基本实现了自给，但粮食是国家安全战略中的重要资源，决不能忽视甚至减少粮食种植面积，由于国家整体耕地资源短缺，粮食区域之间调配能力非常有限，故秦巴山脉区域要以粮食自给为主，重视粮食生产的基本战略不能动摇。

我国人均耕地面积的红线为1.35亩（全国18亿亩红线），对比五省一市可以看出，仅甘肃秦巴在红线附近，人均耕地面积为1.50亩，在五省一市秦巴区域内处于最高水平；其次是河南秦巴，人均耕地面积为1.16亩；其他省市的秦巴区域人均耕地面积低于五省一市秦巴区域的平均值，四川秦巴的人均耕地面积最低，仅有0.67亩。如果从人均播种面积指标看，秦巴山脉区域人均耕地面积为1.93亩，高于国家红线；各个省市的秦巴区域也均高于国家红线，但四川与陕西秦巴的人均量非常接近国家红线。采用人均农作物播种面积相对理性一些，但耕地作为国家安全战略的重要资源，在秦巴山脉应予以高度重视。

复种指数是农业生产的重要指标之一，五省一市秦巴山脉的复种指数达到了213.79%，主要是因为增加了以土豆和冬季蔬菜为主的冬季复种（主要在四川与湖北秦巴），四川秦巴的复种指数较高，为252.57%，湖北秦巴的复种指数为256.71%；重庆秦巴接近秦巴山脉的平均水平，陕西秦巴略低于秦巴山脉的平均水平；河南与甘肃秦巴的复种指数稍低，其中河南秦巴复种指数最低，为182.22%（或许是因为耕地面积虚数太高）（表2-10）。

（四）秦巴山脉农业投入品情况

五省一市秦巴山脉肥料投入的总量为2 976 899吨，其中，河南秦巴占28.39%，四川秦巴占19.72%，湖北秦巴占18.39%，陕西秦巴占17.15%，重庆秦巴占12.66%，甘肃秦巴占3.69%。氮肥情况类似于化肥（甘肃的资料中仅有化肥的投入数据，氮、磷、钾、复合肥、农药、地膜均未查阅到），投入总量为1 168 397吨。农药投入总量为52 773.1吨，以河南秦巴最高，占34.61%，湖北与四川秦巴接近，陕西秦巴仅为4.82%（人们对这个数字似乎有疑问，但是有调研案例中讲到汉中的洋县为了保护朱鹮而大范围禁止使用农药，周边的西乡县中的有些地方也禁止使用农药）。地膜投入总量为83 019吨，四川秦巴最高，占50.63%，其次是河南秦巴，为27.20%，重庆、湖北和陕西秦巴比较接近（表2-11）。

表2-11　五省一市秦巴山脉农业投入品比较

农林投入品	肥料	氮肥	磷肥	钾肥	复合肥	农药	地膜
秦巴山脉合计	100.00%	100.00%	100.00%	100.00%	100.00%	100.00%	100.00%
重庆秦巴	12.66%	13.77%	14.96%	3.21%	5.98%	7.25%	6.17%
湖北秦巴	18.39%	21.81%	23.13%	14.22%	17.44%	27.48%	7.34%
陕西秦巴	17.15%	19.11%	8.25%	23.19%	19.69%	4.82%	8.66%
河南秦巴	28.39%	21.43%	29.99%	41.63%	40.80%	34.61%	27.20%
四川秦巴	19.72%	23.89%	23.68%	17.74%	16.10%	25.63%	50.63%
甘肃秦巴	3.69%	—	—	—	—	—	—

注：表中百分比之和可能不等于100%，是因为有的数据进行了舍入修约

（五）秦巴山脉农业面源污染问题

秦巴山脉农业面源污染普遍存在，各地情况因农业生产方式、化学投入施用量和施用方式、农田条件、农作技术及劳动者技能的差别而有所差异。一般来讲，农业面源污染问题较大的如设施农业、菜地、灌溉农田等，水土流失严重的如坡耕地等，其他类型如旱作的污染轻微甚至没有。秦巴山脉的农业面源污染主要体现在以下几个方面。

（1）一些地方肥药过量施用现象仍然存在。秦巴山脉农田化肥单位面积的平均施用量是748.1千克/公顷，约是全国平均水平485.7千克/公顷的1.5倍；秦巴山脉平均氮肥单位面积的施用量292.8千克/公顷，约是全国平均水平196.7千克/公顷的1.5倍。秦巴山脉单位面积的农药施用量是全国平均值的3.99倍，按播种面积计算，是全国平均值的2.52倍。

（2）坡耕地水土流失较为严重。秦巴山脉是全国水土流失较为严重的区域，其中最典型的白龙江流域以土石山为主，地形破碎，极易遭受侵蚀，水土流失类型除水蚀外还有重力侵蚀，泥石流比较活跃，年侵蚀模数达500吨/千米²，是嘉陵江流域水土保持重点治理区。由于坡地农田面积较大，水土流失过程中，氮磷等土壤养分进入地表水，从而导致水体污染。加大实施坡面整治、沟道防护、疏溪固堤、治塘筑堰等是控制流域水土流失的主要途径。

（3）农作物秸秆还田利用率低。由于坡耕地面积较大，农作物秸秆还田较为困难，加上农村劳动力缺乏，秸秆堆肥工作也很难开展，秸秆丢弃逐渐腐烂或随地表径流进入水体导致污染。另外，一些地方仍然存在秸秆焚烧问题。

（4）农膜的土壤残留等。秦巴山脉单位耕地面积的农膜施用量是全国平均值的1.13倍，按播种面积计算是全国平均值的0.71倍。

（5）农村生活废水无序排放、人畜粪便管理不到位。由于山区农村整体规划较难，人们居住较为分散，农户生活废水基本上是无序排放；农村人畜粪便大多采用露天旱厕方式，极容易随降水进入河道，污染河流水质。农村人畜粪便管理是山区农业面源污染防治的重要措施之一。

（6）小城镇生产与生活污水排入河道。秦巴山脉的乡镇县及人口聚居区多依河而建，生活废水、生产废水大多没有经过污水处理，都是直排进入河道，是秦巴山脉河流水体污染的主要原因之一。

三、秦巴山脉林业

秦巴山脉林地面积有2 090.99万公顷，森林覆盖率为43.31%[①]。其中有林地面积为1 288.76万公顷，疏林地面积为42.88万公顷，灌木林地为434.54万公顷，未成林地为73.13万公顷，苗圃地为0.84万公顷，无立木林地为18.54万公顷，宜林地为232.30万公顷（表2-12）。本区宜林地、未成林地、无立木林地等面积之和为323.97万公顷，占林地面积的15.49%，有较大的林业发展空间，为林地结构的优化和发展奠定了良好的基础条件。公益林面积1 085.12万公顷，占林地面积的51.90%。其中，国家重点公益林面积为511.97万公顷，地方重点公益林面积为432.51万公顷。

表2-12　秦巴山脉各类林地面积统计表（单位：万公顷）

统计单位	林地	有林地			疏林地	灌木林地			未成林地		
		小计	乔木林	竹林		小计	国家特别规定	其他	小计	未成林造林地	未成林封育地
秦巴山脉	2 090.99	1 288.76	1 265.64	23.12	42.88	434.54	50.45	384.09	73.13	72.10	1.03
重庆秦巴	154.45	67.85	67.30	0.55	7.97	44.77	0.75	44.02	2.04	2.04	—
湖北秦巴	370.80	220.64	219.53	1.11	2.21	116.59	23.61	92.98	14.02	13.28	0.74
陕西秦巴	659.76	457.65	453.59	4.06	15.49	53.12	5.52	47.60	27.65	27.65	—
河南秦巴	273.76	167.94	165.21	2.73	5.08	60.78	8.05	52.73	9.68	9.49	0.19
甘肃秦巴	183.84	83.64	83.54	0.10	5.40	59.66	4.08	55.58	8.56	8.46	0.10

[①] 涉及秦巴山脉林业情况的数据均来自《中国林业发展区划条件区划篇一级区》《中国林业发展区划条件区划篇二级区》《中国林业发展区划条件区划篇三级区》。

续表

统计单位	林地	有林地			疏林地	灌木林地			未成林地		
		小计	乔木林	竹林		小计	国家特别规定	其他	小计	未成林造林地	未成林封育地
四川秦巴	448.38	291.04	276.47	14.57	6.73	99.62	8.44	91.18	11.18	11.18	—

统计单位	苗圃地	无立木林地				宜林地				林业辅助用地
		小计	采伐迹地	火烧迹地	其他无立木林	小计	宜林荒山荒地	宜林沙荒	其他宜林地	
秦巴山脉	0.84	18.54	8.78	0.42	9.34	232.30	229.35		2.95	—
重庆秦巴	0.18	0.37	0.37			31.27	31.27			—
湖北秦巴	—	2.21	1.84		0.37	15.13	14.76		0.37	—
陕西秦巴		8.86	1.48	0.37	7.01	96.99	94.78		2.21	—
河南秦巴	0.10	2.33	1.18	0.05	1.10	27.85	27.48		0.37	—
四川秦巴	—	0.86			0.86	25.72	25.72			—
甘肃秦巴	0.56	3.91	3.91			35.34	35.34			—

（一）秦巴山脉林木类型基本情况

秦巴山脉各类林木蓄积量统计如表2-13所示，活立木总蓄积量为83 076.27万立方米，其中，有林地蓄积量77 793.79万立方米，占总蓄积量的93.64%，疏林地蓄积量628.89万立方米，散生木蓄积量2 766.95万立方米，四旁树株数为58 801万株，四旁树蓄积量为1 886.64万立方米。林木蓄积量按权属结构情况分为国有39 709.94万立方米，集体19 608.07万立方米，个体23 112.19万立方米，其他权属646.08万立方米，分别占活立木总蓄积量的47.80%、23.60%、27.82%、0.78%。有林地单位面积蓄积量为60.48米³/公顷。天然乔木林面积为1 027.83万公顷，蓄积量为69 886.21万立方米，分别占乔木林总面积及总蓄积量的79.91%、89.83%。因此，天然林面积和蓄积量占有十分重要的地位。

表2-13　秦巴山脉各类林木蓄积量统计

统计单位	林木权属	活立木总蓄积量/万立方米	有林地蓄积量/万立方米	疏林地蓄积量/万立方米	散生木蓄积量/万立方米	四旁树株数/万株	四旁树蓄积量/万立方米
秦巴山脉	合计	83 076.28	77 793.79	628.89	2 766.95	58 801	1 886.64
	占比	100.00%	93.64%	0.76%	3.33%	—	2.27%
	国有	39 709.94	38 667.05	226.41	687.86	300	9.63
	集体	19 608.07	18 595.43	187.48	595.80	6 605	211.92
	个人	23 112.19	19 892.57	215.01	1 482.52	51 785	1 661.53
	其他	646.08	638.73	—	0.76	111	3.56
甘肃秦巴	小计	7 864.20	7 428.40	167.60	78.48	7 733	189.72
陕西秦巴	小计	26 369.91	24 995.75	194.74	1 011.98	8 416	167.44

续表

统计单位	林木权属	活立木总蓄积量/万立方米	有林地蓄积量/万立方米	疏林地蓄积量/万立方米	散生木蓄积量/万立方米	四旁树株数/万株	四旁树蓄积量/万立方米
四川秦巴	小计	24 892.37	23 304.98	115.80	745.75	20 738	725.83
重庆秦巴	小计	3 290.11	2 836.70	55.78	110.12	7 986	287.51
湖北秦巴	小计	10 584.67	10 010.73	17.84	359.45	4 128	196.65
河南秦巴	小计	10 075.01	9 217.22	77.14	461.16	9 800	319.49

秦巴山脉经济林面积按类型分布如表2-14所示。秦巴山脉经济林面积为98.14万公顷，乔木经济林面积为57.90万公顷，灌木经济林面积为40.24万公顷，分别占经济林总面积的59.00%和41.00%。本区乔木经济林以梨、李、杏、苹果、栓皮栎等为主，灌木经济林以蚕桑、茶叶及其他果树为主。从经济林经营状况来看，高集约经营的经济林面积比例较小。实施集约经营，优化品种结构，突出名、优、特、新品种，仍是本区域经济林发展的主要方向。

表2-14　秦巴山脉经济林面积按类型分布（单位：万公顷）

乔灌类型	合计	果树林	食用原料林	林业化工原料林	药用林	其他经济林
合计	98.14	32.62	19.18	21.70	8.09	16.55
乔木林	57.90	19.22	3.26	17.95	5.43	12.04
灌木林	40.24	13.40	15.92	3.74	2.66	4.51

秦巴山脉乔木林各龄组按林种面积、蓄积结构的分类如表2-15所示。本区乔木林按龄组分布，幼龄林、中龄林、近熟林、成过熟林面积分别占乔木林总面积的43.12%、28.73%、14.61%、13.54%；蓄积量分别占乔木林总蓄积量的14.65%、25.00%、21.71%、38.64%。乔木林每公顷蓄积量为63.20立方米，比全国平均水平（70.11立方米/公顷）低9.86%。本区乔木林按林种分为防护林、特用林、用材林、薪炭林、经济林，面积分别占乔木林总面积的63.44%、4.83%、23.89%、3.15%、4.70%；防护林、特用林、用材林、薪炭林蓄积量分别占乔木林总蓄积量的63.20%、14.71%、20.92%、1.16%。本区防护林已有超过5%的面积和近20%的蓄积量进入过熟状态，需对防护林进行林龄结构调整，以达到最大最优防护功能状态。本区防护林面积、蓄积量占乔木林面积、蓄积量的63.44%和63.20%，特用林只占4.83%和14.71%。作为生物多样性热点地区，本区的珍稀野生动物，特别是大熊猫、金丝猴等，在全球都有着极其重要的地位。因此，需进一步加大自然保护区的数量和面积，加强自然保护区的建设力度，将隔离的野生动植物栖息地连成一片，最大限度地保护其生物多样性，发挥其生态效益和社会效益。

表2-15 秦巴山脉乔木林各龄组按林种面积、蓄积结构的分类

林种类型	合计		幼龄林		中龄林		近熟林		成熟林		过熟林	
	面积/万公顷	蓄积量/万立方米	面积/万公顷	蓄积量/万立方米	面积/万公顷	蓄积量/万立方米	面积/万公顷	蓄积量/万立方米	面积/万公顷	蓄积量/万立方米	面积/万公顷	蓄积量/万立方米
合计	1 232.52	77 896.11	531.46	11 414.83	354.15	19 474.23	180.04	16 908.32	122.48	14 378.59	44.39	15 720.14
防护林	781.89	49 230.34	333.15	8 146.28	227.69	12 971.91	104.47	9 294.83	77.31	9 107.36	39.27	9 709.96
特用林	59.52	11 461.58	5.36	347.81	14.18	1 336.75	18.44	2 916.47	20.42	3 304.39	1.12	3 556.16
用材林	294.44	16 297.05	114.51	2 513.76	97.10	4 848.71	55.18	4 548.56	23.65	1 932.00	4.00	2 454.02
薪炭林	38.77	907.14	30.16	406.98	6.89	316.86	1.29	148.46	0.43	34.84	—	—
经济林	57.90	—	48.28	—	8.29	—	0.66	—	0.67	—	—	—

秦巴山脉处于暖温带和亚热带气候的过渡地带，地形复杂。中部地区垂直分布明显，乔木林建群树种多达34个，为本区林业发展提供了较多可选择的造林树种，但又难以选出能发挥最大生态效益和经济效益的树种，为本区提出了选育本区最适合的生态和用材树种的课题。

秦巴山脉用材林中，主要建群树种有22种，以栎类所占面积最大，约占用材林面积的17.69%，蓄积量的15.03%，其次是马尾松、油松、杉木、柏木、柳杉和其他硬阔。秦巴山脉是我国天然栓皮栎分布面积最大、最集中的区域，应加强繁育、加强速生品质选育。

秦巴山脉防护林中的主要建群树种有30种，栎类、硬阔和马尾松所占面积最大，其余依次为冷杉、柏木、桦木等。栎类是本区主要植被群落，虽生长缓慢，但具有抗性强、根系发达、枝叶繁茂的特点，应是本区营造和发展生态林的优选树种。

（二）秦巴山脉湿地、荒漠化、沙化和石漠化土地

1. 秦巴山脉湿地情况

秦巴山脉河流纵横，湖泊、水库众多。三峡水库、丹江水库、黄龙滩水库等都是本区重要的大型水库。

秦巴山脉湿地面积为563 372公顷，其类型和保护等级面积结构统计表如表 2-16所示。

表2-16 湿地类型及保护等级面积结构统计表（单位：公顷）

保护等级	秦巴山脉湿地类型					
	小计	近海及海岸湿地	河流湿地	湖泊湿地	沼泽湿地	人工湿地
合计	563 372	0	246 392	48 999	12 318	255 663
I	18 849	0	15 130	0	2 389	1 330
II	87 178	0	29 340	42 653	9 619	5 566
III	6 495	0	6 495	—	—	—
IV	48 585	0	44 902	800	0	2 883
V	402 265	0	150 525	5 546	310	245 884

秦巴山脉湿地以河流和库塘湿地为主，长期以来的人为干扰和破坏，影响了流域生态平衡，使来水量减少，河流泥沙含量增大，河床、湖底、水库等的泥沙淤积和水质污染使湿地面积不断减少，功能衰退，虽然近年来政府对其予以重视，但探索建立湿地保护机制，强化湿地保护的科技支撑已迫在眉睫。

2. 秦巴山脉荒漠化、沙化情况

秦巴山脉仅在四川米仓山、大巴山、岷山、邛崃山和峨眉山低山丘陵的局部区域，及湖北沮河、漳河、南部流域的局部地区有少量沙化土地，面积为13 040公顷，主要为沙地和沙化耕地，大多为轻度。土地沙化的原因主要是水蚀和风蚀，采取的措施主要为营造防风固沙林和水土保持林。沙化土地面积按类型统计表如表2-17所示。

表2-17　沙化土地面积按类型统计表（单位：公顷）

合计	沙化土地					
	流动沙地（丘）	半固定沙地（丘）	固定沙地（丘）	露沙地	沙化耕地	丰生物治沙工程地
13 040	253	1 113	4 685	0	6 816	173

3. 石漠化土地概况

秦巴山脉在四川岷山、邛崃山、峨眉山，重庆大巴山，湖北丹江口库区、鄂西北堵河流域、三峡库区及神农架、沮河、漳河、南部流域的局部区域有1 805 060公顷的石漠化和潜在石漠化土地，其中湖北占了95%的面积。秦巴山脉石漠化土地面积按类型统计表如表2-18所示。

表2-18　秦巴山脉石漠化土地面积按类型统计表（单位：公顷）

合计	潜在石漠化土地	石漠化土地				
		小计	轻度	中度	重度	极重度
1 805 060	1 358 678	446 382	209 566	192 819	41 538	2 459

（三）野生动植物资源及自然保护区建设

秦巴山脉野生动植物种类繁多，分布零散。除自然保护区外，其他地区均处于一般保护状态。野生动植物有553种，分别有兽类95种、鸟类295种、鱼类83种、两栖爬行类80种，其中国家一级保护动物有17种，二级保护动物有73种。备受世界关注的珍稀濒危动物大熊猫的主要分布区就在秦巴山脉。秦巴山脉拥有高等植物224科945属2 931种，其中乔木538种以上。国家一级保护植物有银杏、红豆杉、南方红豆杉、水杉、伯乐树、珙桐、光叶珙桐7种，二级保护植物有25

种，主要分布在保护区内。

秦巴山脉有自然保护区共99处，总面积为2 431 867.70公顷。由于经济滞后，秦巴山脉自然保护的力度还远不能满足其作为全国生物多样性热点地区和重要生态屏障的需求，需要发展当地的社区经济，进一步加大自然保护区面积，加强自然保护区建设，将珍稀野生动植物的栖息地连接起来，最大限度地发挥该区域的生态功能和社会效益。

（四）秦巴山脉森林碳汇与氧气产生量估算

秦巴山脉的森林碳汇总量约为6.80GtC，占全国森林总碳汇量的7.04%；氧气产生量为10 630.49万吨/年，占全国总量的8.66%。宜林地造林后碳汇增加量约为0.09GtC（2020~2030年可实现的林地碳汇量）（表2-19）。

表2-19　秦巴山脉森林碳汇量与氧气产生量

地区	现有森林碳汇量/GtC	宜林地造林后碳汇增加量/GtC	氧气产生量/（万吨/年）
秦巴山脉	6.80	0.085 7	10 630.49
重庆秦巴	0.55	0.008 4	851.74
湖北秦巴	0.77	0.003 8	1 196.91
陕西秦巴	3.49	0.052 2	5 465.18
河南秦巴	0.65	0.004 8	1 012.42
四川秦巴	0.60	0.005 4	944.94
甘肃秦巴	0.74	0.011 1	1 159.30

（五）秦巴山脉林业产业

秦巴山脉林业产业总产值为1.08万亿元，占2014年全国林业总产值的20%，属于林业产业发展增速较快的区域。本区内第一、二、三产业产值分别为3 672亿元、5 616亿元、1 512亿元，三产结构比为34∶52∶14，以第一、二产业为主。

秦巴山脉林业产业企业众多，有上千家，其中大中型企业有上百家，其他均为小型企业。企业规模小，以第一产业为主，第二产业加工技术滞后，第三产业虽起步较晚，但发展势头旺盛，是本区林业产业发展的基本特征，也是本区林业产业发展的重点方向。

秦巴山脉非木质资源丰富，包括软木、水果、木本粮油、茶叶、调料、食用菌、山野菜、花卉、林药、林化原料、竹笋、竹藤棕苇等，发展潜力巨大。

1. 第一产业

林业第一产业主要包括林木培育与种植、木材与竹林采伐、经济林产品的种植与采伐、花卉种植、陆生野生动植物繁育与利用，产值分别为1 469.61亿元、271.84亿元、1 233.31亿元、674.90亿元、22.34亿元，分别占第一产业产值的40.02%、7.40%、33.59%、18.38%、0.61%。秦巴山脉第一产业主要以分散经营为主。

2. 第二产业

秦巴山脉第二产业经过多年发展，已成为林业发展的主导产业。主要包括木材加工及木、竹、藤、棕、苇制品制造，木、藤、竹家具制造，木、竹、苇浆造纸，林产化学品制造，木质工艺品、木质文教体育用品制造，非木质产品加工制作，产值分别为3 009.56亿元、956.17亿元、152.14亿元、14.99亿元、1 085亿元、398.68亿元，分别占第二产业产值的53.59%、17.03%、2.71%、0.27%、19.32%、7.10%。非木质产品加工制作是连接林业产业与消费市场的重要环节，是实现林产品增值，引导市场消费，方便消费者，促进消费升级的中心环节和重要过程；同时也是促进效益林业发展，促进林农增收，加速产业化进程，带动其他产业发展的重要力量。

据不完全统计，秦巴山脉林业中第二产业企业约有500家，其中大中型企业有60多家，目前存在的问题是企业恶性竞争，发展无序。本区有丰富的林业资源，有较好的发展条件，但应进行统一的规划和管理，积极引导和发展大中型企业，控制小型企业数量，提高加工制造水平，创造更多附加值，最大限度地发挥有限林业资源的利用率。

3. 第三产业

秦巴山脉林业第三产业发展势头旺盛，尤其是生态旅游产业。2014年生态旅游产业产值达1 000多万元，占第三产业总产值的72.05%。近年来多数景区游客人数以20%的增长率增长。本区限制旅游业发展的最大障碍为基础交通条件不方便、旅游设施简陋、接待能力弱、线路单调。因此，加强交通设施、旅游设施建设，优化旅游线路，创旅游精品品牌是本区发展第三产业的重点。

（六）秦巴山脉禁止开发区名录

1. 秦巴山脉自然保护区名称、区域与面积

秦巴山脉自然保护区共有99处，面积2 431 867.70公顷。其中，湖北秦巴区域有33处，面积444 240.00公顷，占总面积的18.27%；重庆秦巴区域有2处，

面积为158 440.00公顷，占总面积的6.52%；四川秦巴区域有11处，面积为302 745.00公顷，占总面积的12.45%；陕西秦巴区域有27处，面积为554 291.00公顷，占总面积的22.79%；甘肃秦巴区域有14处，面积为706 441.60公顷，占总面积的29.05%；河南秦巴区域有12处，面积为265 710.10公顷，占总面积的10.93%（表2-20）。

表2-20 秦巴山脉自然保护区名称、区域与面积

序号	省	名称	行政区域	面积/公顷
1	湖北	赛武当国家级自然保护区	十堰市茅箭区	21 203.00
2	湖北	青龙山恐龙蛋化石群国家级自然保护区	郧阳区	205.00
3	湖北	神农架国家级自然保护区	神农架林区	70 467.00
4	湖北	堵河源国家级自然保护区	竹山县	48 452.00
5	湖北	十八里长峡省级自然保护区	竹溪县	30 459.00
6	湖北	万江河大鲵省级自然保护区	竹溪县	780.00
7	湖北	丹江口库区省级自然保护区	丹江口市	45 103.00
8	湖北	武当山县级自然保护区	丹江口市	79 523.00
9	湖北	五朵峰省级自然保护区	丹江口市	20 422.00
10	湖北	保康野生蜡梅县级自然保护区	保康县	2 800.00
11	湖北	鹫峰市级自然保护区	保康县	134.00
12	湖北	五道峡省级自然保护区	保康县	23 816.00
13	湖北	保康红豆杉市级自然保护区	保康县	4 000.00
14	湖北	刺滩沟市级自然保护区	保康县	800.00
15	湖北	官山自然保护小区	保康县	400.00
16	湖北	欧店自然保护小区	保康县	900.00
17	湖北	七里扁蜡梅自然保护小区	保康县	567.00
18	湖北	九路寨自然保护小区	保康县	408.00
19	湖北	大九湖湿地县级自然保护区	神农架林区	5 083.00
20	湖北	红坪画廊县级自然保护区	神农架林区	1 033.00
21	湖北	红岩岭县级自然保护区	神农架林区	333.00
22	湖北	将军寨县级自然保护区	神农架林区	634.00
23	湖北	刘亨寨县级自然保护区	神农架林区	1 634.00
24	湖北	杉树坪县级自然保护区	神农架林区	100.00
25	湖北	神农架摩天岭县级自然保护区	神农架林区	66.00
26	湖北	燕子坪县级自然保护区	神农架林区	3 333.00
27	湖北	五龙河省级自然保护区	郧西县	15 121.00
28	湖北	伏山自然保护小区	郧阳县	500.00

续表

序号	省	名称	行政区域	面积/公顷
29	湖北	七里山市级自然保护区	南漳县	807.00
30	湖北	金牛洞市级自然保护区	南漳县	7 000.00
31	湖北	香水河市级自然保护区	南漳县	11 000.00
32	湖北	湖北漳河源省级自然保护区	南漳县	10 265.00
33	湖北	野人谷省级自然保护区	房县	36 892.00
34	重庆	大巴山国家级自然保护区	城口县	136 017.00
35	重庆	阴条岭国家级自然保护区	巫溪县	22 423.00
36	四川	米仓山国家级自然保护区	旺苍县	23 400.00
37	四川	唐家河国家级自然保护区	青川县	40 000.00
38	四川	花萼山国家级自然保护区	万源市	48 203.00
39	四川	大小沟市级自然保护区	青川县	4 067.00
40	四川	东阳沟省级自然保护区	青川县	30 760.00
41	四川	毛寨省级自然保护区	青川县	14 150.00
42	四川	诺水河省级自然保护区	通江县	63 000.00
43	四川	诺水河大鲵省级自然保护区	通江县	9 480.00
44	四川	五台山猕猴省级自然保护区	通江县	27 900.00
45	四川	大小兰沟省级自然保护区	南江县	40 155.00
46	四川	贾阁山县级自然保护区	平昌县	1 630.00
47	陕西	周至国家级自然保护区	周至县	56 393.00
48	陕西	太白山国家级自然保护区	太白县、眉县	56 325.00
49	陕西	汉中朱鹮国家级自然保护区	洋县、城固县	37 549.00
50	陕西	长青国家级自然保护区	洋县	29 906.00
51	陕西	青木川国家级自然保护区	宁强县	10 200.00
52	陕西	桑园国家级自然保护区	留坝县	13 806.00
53	陕西	佛坪国家级自然保护区	佛坪县	29 240.00
54	陕西	天华山国家级自然保护区	宁陕县	25 485.00
55	陕西	化龙山国家级自然保护区	镇坪县、平利县	27 103.00
56	陕西	牛背梁国家级自然保护区	柞水县、长安区	16 418.00
57	陕西	米仓山国家级自然保护区	西乡县	34 192.00
58	陕西	屋梁山国家级自然保护区	凤县	13 684.00
59	陕西	紫柏杉国家级自然保护区	凤县	17 472.00
60	陕西	太白渭水河省级自然保护区	太白县	5 343.00
61	陕西	老县城省级自然保护区	周至县	11 742.50
62	陕西	周至黑河湿地省级自然保护区	周至县	13 125.50

续表

序号	省	名称	行政区域	面积/公顷
63	陕西	宝峰山省级自然保护区	略阳县	28 485.00
64	陕西	略阳大鲵省级自然保护区	略阳县	5 600.00
65	陕西	留坝摩天岭省级自然保护区	留坝县	8 520.00
66	陕西	佛坪观音山国家级自然保护区	佛坪县	13 534.00
67	陕西	瀛湖湿地省级自然保护区	安康市	19 800.00
68	陕西	鹰嘴石省级自然保护区	镇安县	11 462.00
69	陕西	东秦岭地质剖面省级自然保护区	柞水县、镇安县、周至县	25.00
70	陕西	牛尾河省级自然保护区	太白县	13 492.00
71	陕西	黄柏塬省级自然保护区	太白县	21 865.00
72	陕西	平河梁省级自然保护区	宁陕县	21 152.00
73	陕西	皇冠山省级自然保护区	宁陕县	12 372.00
74	甘肃	白水江国家级自然保护区	文县	183 799.00
75	甘肃	嘉陵江两当段特有鱼类水产种质资源国家级自然保护区	两当县	8 607.60
76	甘肃	小陇山国家级自然保护区	两当县、徽县	31 938.00
77	甘肃	裕河国家级自然保护区	武都区	74 944.00
78	甘肃	尖山省级自然保护区	文县	10 040.00
79	甘肃	龙神沟县级自然保护区	康县	100.00
80	甘肃	康县大鲵省级自然保护区	康县	10 247.00
81	甘肃	黑河省级自然保护区	两当县	3 495.00
82	甘肃	两当县灵官峡县级自然保护区	两当县	2 973.00
83	甘肃	插岗梁省级自然保护区	舟曲县	114 361.00
84	甘肃	博峪河省级自然保护区	舟曲县、文县	61 547.00
85	甘肃	多儿省级自然保护区	迭部县	55 275.00
86	甘肃	白龙江阿夏省级自然保护区	迭部县	135 536.00
87	甘肃	文县大鲵省级自然保护区	文县	13 579.00
88	河南	小秦岭国家级自然保护区	灵宝市	15 160.00
89	河南	南阳恐龙蛋化石群国家级自然保护区	南阳市	78 015.00
90	河南	伏牛山国家级自然保护区	西峡县、内乡县、南召县	56 024.00
91	河南	丹江湿地国家级自然保护区	淅川县	64 027.00
92	河南	宝天曼国家级自然保护区	内乡县	5 412.50
93	河南	西峡大鲵省级自然保护区	西峡县	1 000.00
94	河南	卢氏大鲵省级自然保护区	卢氏县	1 000.00
95	河南	熊耳山省级自然保护区	嵩县、洛宁县、宜阳县、栾川县	32 524.60
96	河南	白龟山湿地省级自然保护区	平顶山市	6 600.00

序号	省	名称	行政区域	面积/公顷
97	河南	湍河湿地省级自然保护区	内乡县	4 547.00
98	河南	嵩县大鲵县级自然保护区	嵩县	600.00
99	河南	栾川大鲵县级自然保护区	栾川县	800.00

2. 秦巴山脉森林公园名称、区域与面积

秦巴山脉森林公园共有54处，总面积406 188.96公顷（表2-21）。湖北秦巴区域有5处，面积35 738.68公顷，占总面积的8.80%；重庆秦巴区域有2处，面积为34 289.00公顷，占总面积的8.44%；四川秦巴区域有2处，面积为51 666.00公顷，占总面积的12.72%；陕西秦巴区域有15处，面积为99 317.90公顷，占总面积的24.45%；甘肃秦巴区域有5处，面积为105 716.00公顷，占总面积的26.03%；河南秦巴区域有25处，面积为79 461.38公顷，占总面积的19.56%。

表2-21　秦巴山脉森林公园名称、区域与面积

序号	省	名称	行政区域	面积/公顷
1	湖北	偏头山国家森林公园	竹溪县	3 131.65
2	湖北	九女峰国家森林公园	竹山县	3 527.00
3	湖北	房县诗经源国家森林公园	房县	8 280.00
4	湖北	神农架国家森林公园	神农架林区	13 333.33
5	湖北	沧浪山国家森林公园	郧阳区	7 466.70
6	重庆	九重山国家森林公园	城口县	10 089.00
7	重庆	红池坝国家森林公园	巫溪县	24 200.00
8	四川	米仓山国家森林公园	南江县	40 155.00
9	四川	空山国家森林公园	通江县	11 511.00
10	陕西	五龙洞国家森林公园	略阳县	5 800.00
11	陕西	通天河国家森林公园	凤县	5 235.00
12	陕西	天台山国家森林公园	凤县	8 100.00
13	陕西	南宫山国家森林公园	岚皋县	3 100.00
14	陕西	木王国家森林公园	镇安县	3 616.00
15	陕西	鬼谷岭国家森林公园	石泉县	5 135.00
16	陕西	千家坪国家森林公园	平利县	2 145.00
17	陕西	上坝河国家森林公园	宁陕县	4 526.00
18	陕西	黑河国家森林公园	周至县	7 462.20
19	陕西	楼观台国家森林公园	周至县	27 487.00

续表

序号	省	名称	行政区域	面积/公顷
20	陕西	天华山国家森林公园	宁陕县	6 000.00
21	陕西	上坝河国家森林公园	宁陕县	4 526.00
22	陕西	牛背梁国家森林公园	柞水县	2 123.70
23	陕西	紫柏杉国家森林公园	凤县	4 662.00
24	陕西	黎坪国家森林公园	南郑区	9 400.00
25	甘肃	官鹅沟国家森林公园	宕昌县	41 996.10
26	甘肃	文县天池国家森林公园	文县	14 338.00
27	甘肃	大峡沟国家森林公园	舟曲县	4 070.00
28	甘肃	腊子口国家森林公园	迭部县	27 896.90
29	甘肃	沙滩国家森林公园	舟曲县	17 415.00
30	河南	寺山国家森林公园	西峡县	5 600.00
31	河南	亚武山国家森林公园	灵宝市	15 133.33
32	河南	白云山国家森林公园	嵩县	8 133.33
33	河南	龙峪湾国家森林公园	栾川县	1 833.33
34	河南	神灵寨国家森林公园	洛宁县	5 300.00
35	河南	玉皇山国家森林公园	卢氏县	2 982.00
36	河南	天池山国家森林公园	嵩县	1 716.00
37	河南	燕子山国家森林公园	灵宝市	4 776.00
38	河南	上寺省级森林公园	淅川县	420.30
39	河南	菩提寺省级森林公园	镇平县	133.33
40	河南	丹霞山省级森林公园	南召县	933.33
41	河南	全宝山省级森林公园	洛宁县	958.00
42	河南	大寺省级森林公园	方城县	433.10
43	河南	独山省级森林公园	南阳市	400.00
44	河南	大虎岭省级森林公园	汝阳县	1 500.00
45	河南	卢氏塔子山省级森林公园	卢氏县	3 580.00
46	河南	栾川倒回沟省级森林公园	栾川县	2 148.00
47	河南	方城七峰山省级森林公园	方城县	5 100.00
48	河南	河南省城望顶省级森林公园	鲁山县	7 395.00
49	河南	河南省叶县望夫山省级森林公园	叶县	1 076.00
50	河南	河南平顶山省级森林公园	平顶山市	2 847.50
51	河南	河南灵宝佛山省级森林公园	灵宝市	2 246.00
52	河南	河南灵宝汉山省级森林公园	灵宝市	2 190.50
53	河南	河南省香鹿山省级森林公园	宜阳县	1 453.00
54	河南	淅川凤凰山省级森林公园	淅川县	1 173.33

3. 秦巴山脉湿地公园名称、区域与面积

秦巴山脉境内湿地公园有4处，总面积为13 233.9公顷，位于湖北和河南省内。其中湖北秦巴有2处，面积为8 338.20公顷，是总面积的63.01%；河南秦巴有2处，面积为4 895.70公顷，是总面积的36.99%（表2-22）。

表2-22   秦巴山脉湿地公园名称、区域与面积

序号	省	名称	行政区域	面积/公顷
1	湖北	圣水湖国家湿地公园	竹山县	3 255.20
2	湖北	神农架大九湖国家湿地公园	神农架林区	5 083.00
3	河南	平顶山白龟湖国家湿地公园	平顶山市	673.31
4	河南	河南陆浑湖国家湿地公园	嵩县	4 222.39

（七）秦巴山脉风景名胜名称、区域与面积

秦巴山脉风景名胜有11处，总面积为220 092.30公顷，位于湖北、四川和河南秦巴。其中，湖北秦巴有1处，面积为312.00公顷，是总面积的0.14%；四川秦巴有3处，面积为105 416.30公顷，是总面积的47.90%；河南秦巴有7处，面积为114 364.00公顷，是总面积的51.96%（表2-23）。

表2-23   秦巴山脉风景名胜名称、区域与面积

序号	省	名称	行政区域	面积/公顷
1	湖北	武当山国家级风景名胜区	丹江口市	312.00
2	四川	光雾山国家级风景名胜区	南江县	52 500.00
3	四川	诺水河国家级风景名胜区	通江县	52 500.00
4	四川	白龙湖国家级风景名胜区	青川县	416.30
5	河南	尧山国家级风景名胜区	鲁山县	26 800.00
6	河南	丹江省级风景名胜区	淅川县	59 000.00
7	河南	昭平湖省级风景名胜区	鲁山县	4 000.00
8	河南	亚武山省级风景名胜区	灵宝市	5 120.00
9	河南	老君山——鸡冠洞省级风景名胜区	栾川县	1 000.00
10	河南	白云山省级风景名胜区	嵩县	16 800.00
11	河南	天池山省级风景名胜区	嵩县	1 644.00

（八）秦巴山脉地质公园名称、区域与面积

秦巴山脉地质公园共有9处，总面积为203 036.70公顷，位于湖北、四川和河南秦巴。其中，河南秦巴有7处，面积为191 460.00公顷，占总面积的94.30%；四川秦巴有1处，面积为11 000.00公顷，占总面积的5.42%；湖北秦巴有1处，面积为576.70公顷，占总面积的0.28%（表2-24）。

表2-24　秦巴山脉地质公园名称、区域与面积

序号	省	名称	行政区域	面积/公顷
1	湖北	湖北青龙山国家地质公园	郧阳区	576.70
2	四川	八台山——龙潭河国家地质公园	万源市	11 000.00
3	河南	伏牛山世界地质公园	西峡县	134 000.00
4	河南	洛宁神灵寨世界地质公园	洛宁县	10 100.00
5	河南	灵宝小秦岭国家地质公园	灵宝市	6 000.00
6	河南	栾川省级地质公园	栾川县	14 477.00
7	河南	嵩县白云山省级地质公园	嵩县	5 262.00
8	河南	卢氏玉皇山省级地质公园	卢氏县	6 000.00
9	河南	尧山国家地质公园	鲁山县	15 621.00

（九）秦巴山脉主要野生动植物资源

秦巴山脉是我国动植物资源的主要基因库之一，其中种子植物400余种，蕨类、苔藓、地衣300余种，真菌60多种，野生动物400多种；已经开发利用的动植物资源1 000余种，大部分用于制造中药材；人工种植的有上百种，大面积种植的有几十种。秦巴山脉主要野生植物资源与动物资源见表2-25。

表2-25　秦巴山脉主要野生植物资源与动物资源

省	一级区	二级区	三级区	野生植物资源	野生动物资源
河南省	南方亚热带常绿阔叶林、针阔混交林重点开发区	秦巴山地特用防护林区	丹江口水库水源涵养水土保持林区	区内有木本植物63科126属461种。其中，藤本植物26种，草本植物410种。药用植物有金银花、酸枣、柴胡、桔梗、香附子、杜仲、山楂、五味子、女贞等400多种。属于国家二级重点保护野生植物的有连香树、香果树、杜仲、银杏等7种	区内有兽类20种，鸟类23种，两栖类6种，爬行类8种，水生类13种，昆虫类500多种。其中，国家一级保护野生动物有3种，分别为黑鹳、白鹤和达氏鲟，国家二级保护野生动物有大天鹅、鸳鸯、隼、锦鸡、小天鹅、灰鹤等26种。列入中日鸟类保护协定的有绿头鸭、绿翅鸭、花脸鸭、赤膀鸭等
			豫西伏牛山南坡自然保护区水源涵养林区	区内有银杏、杜仲、香果树、榉树、野大豆、秦岭冷杉等31种国家重点保护植物。生长有许多古老孑遗植物，如香果树、水青树等。还有香果树群落、领春木群落、水曲柳群落等各种树种有群落。区内有河南特有植物如河南石斛、伏牛杨、河南铁线莲、河南鹅耳枥、河南翠雀、河南蹄盖蕨等几十种植物	区内主要的珍稀保护野生动物中，受国家一级保护的有豹、林麝、梅花鹿、白鹳、黑鹳、金雕、大鸨等，受国家二级保护的有穿山甲、豺、水獭、小灵猫等
			南阳盆地一般用材农田防护林区	区内主要的珍稀保护野生植物种类相对较少，国家二级保护植物有野大豆、黄檗等	区内主要的珍稀保护野生动物中，受国家一级保护的有白鹳、黑鹳、金雕、大鸨等，受国家二级保护的有角䴙䴘、白鹈鹕、斑嘴鹈鹕等
湖北省			丹江口库区水源涵养石漠化重点治理区	区内有珍稀濒危国家保护植物14种，其中一级保护植物2种，即银杏、水杉；二级保护植物12种，即金毛狗、野大豆、樟树、鹅掌楸、毛红椿、杜仲、金钱松、凹叶厚朴、厚朴、川黄檗、香果树、红豆树	区内国家一级重点保护野生动物7种：豹、东方白鹳、金雕、白肩雕、胡兀鹫、白尾海雕、白鹤；国家二级重点保护野生动物53种，其中兽类10种，鸟类41种，两栖类2种

续表

省	一级区	二级区	三级区	野生植物资源	野生动物资源
湖北省	南方亚热带常绿阔叶林、针阔混交林重点开发区	秦巴山地特用防护林区	鄂西北堵河流域自然保护水土保持林区	境内珍稀植物资源非常丰富，初步调查有国家重点保护树种37种，其中国家一级保护树种有红豆杉、南方红豆杉、银杏、珙桐、光叶珙桐、伯乐树、苏铁、水杉共8种，国家二级保护树种有巴山榧树、大果青扦、篦子三尖杉、厚朴、鹅掌楸、香樟、杜仲等29种，湖北省级珍贵树种有三尖杉、粗榧、蜡梅、黄檀、银鹊树、楸树等30余种	国家和省级重点保护陆生野生动物以及具有重要经济价值或科研价值的陆生野生动物有4纲28目69科207种，其中列入国家重点保护名录的物种有中华秋沙鸭、白鹳、金雕、金丝猴、豹、金钱豹、猕猴、穿山甲、黑熊、棕熊、丹顶鹤、鬣羚、大灵猫以及珍贵猛禽和湿地鸟类，还有雉科的鸟类等50余种
			沮河、漳河、南河流域水土保持、一般用材林区	境内珍稀植物资源非常丰富，初步调查有国家级珍贵树种61种，其中国家一级珍贵树种有红豆杉、银杏、珙桐、秃杉、伯乐树、香果树、苏铁、水杉共8种，国家二级珍贵树种16种，湖北省级珍贵树种36种；有国家重点保护野生植物80多种	有野生动物268种，其中鸟类151种，兽类60种，爬行类34种，两栖类23种。按保护级别分，国家一级保护野生动物有金钱豹、梅花鹿、林麝、白鹳、中华秋沙鸭、金雕等10种；国家二级保护野生动物50种，国家"三有"（即有益的、有重要经济价值的、有科学研究价值的）保护和湖北省重点保护的野生动物68种
			神农架自然保护、林业旅游和休闲服务区	重点保护野生植物55种，其中国家一级保护动物7种，二级保护动物21种，地方重点保护动物27种	重点保护野生动物461种，其中国家一级保护动物9种，二级保护动物78种，地方重点保护动物374种
			三峡库区水源涵养、一般用材林区	有红豆杉、水杉、珙桐等国家一级保护植物约270公顷、19万株；有连香、伯乐树等国家二级保护植物约560公顷、52万株。黄杨、宜昌楠等省级保护植物约1 300公顷、95万株	有陆生脊椎动物4纲29目82科297种，其中哺乳纲9目26科63种，鸟纲16目38科183种，爬行纲2目10科29种，两栖纲2目8科22种。有豹、白肩雕、金丝猴等国家一级保护野生动物7种，有凤头鹰、鬣羚、大鲵等国家二级保护野生动物58种、约2.6万只，有野猪、乌龟、花面狸等省级重点保护野生动物71种、13万只
重庆市			大巴山自然保护区与一般用材林区	国家一级保护植物4种，它们是崖柏、珙桐、银杏、南方红豆杉。其中，崖柏曾被认为是灭绝的植物物种，现发现分布在城口县大巴山国家级自然保护区内	有国家一级保护动物林麝、金雕2种
			渝东北水土保持林与石漠化治理区	国家一级保护野生植物有5种，即崖柏、南方红豆杉、珙桐、银杏、中华蚊母树，国家二级保护野生植物有15种	国家一级重点保护的珍稀动物有金丝猴、豹、金雕、林麝、大鲵5种，国家二级重点保护的动物有25种

续表

省	一级区	二级区	三级区	野生植物资源	野生动物资源
四川省	南方亚热带常绿阔叶林、针阔混交林重点开发区	秦巴山地特用防护林区	大巴山米仓山低中山经济林产品林区	国家一级保护野生植物有红豆杉1种；国家二级保护野生植物有巴山榧、台湾水青冈、连香树、水青树、鹅掌楸、厚朴、野大豆、红豆树、黄皮树、旱莲木、香果树11种	国家一级重点保护动物有云豹、豹、林麝、牛羚、金雕5种，国家二级重点保护动物有猕猴、藏酋猴、豺、黑熊、小熊猫、黄喉貂、水獭、大灵猫、小灵猫、斑林狸、金猫、鬣羚、斑羚、鸳鸯、黑鸢、赤腹鹰、雀鹰、日本松雀鹰、普通鵟、秃鹫、红隼、红腹角雉、勺鸡、红腹锦鸡、白冠长尾雉、红翅绿鸠、领角鸮、斑头鸺鹠、大鲵29种
			岷山、邛崃山大熊猫栖息地自然保护林区	国家一级保护野生植物有6种，即珙桐、红豆杉、水杉、银杏、杪椤、伯乐树，国家二级保护野生植物有4种	国家一级重点保护的珍稀动物有大熊猫、金丝猴、云豹、豹、扭角羚、牛羚、白唇鹿、斑尾榛鸡、绿尾虹雉、雉鹑、黑鹳、胡兀鹫、金雕、黑鹳、虹雉、金带喙凤蝶16种，国家二级重点保护的动物有30种
			峨眉山低山丘陵工业原料林区	区域内已知的维管束植物有107科429种，其中国家一级保护野生植物有8种，分别是独叶草、峨眉拟单性木兰、珙桐、红豆杉、杪椤、银杏、桢楠、水青树，国家二级保护野生植物有26种	陆生野生兽类470余种，野生鸟类330余种，其中国家一级重点保护的珍稀动物有大熊猫、大鲵、金斑喙凤蝶、四川山鹧鸪、小熊猫、林麝等16种
陕西省			秦岭南坡中西部中高山生物多样性保护水源涵养林区	国家一级保护野生植物有独叶草、红豆杉2种，国家二级保护野生植物8种，陕西省重点保护野生植物有31种	国家一级保护野生动物有9种，即大熊猫、金丝猴、羚牛、云豹、豹、林麝、朱鹮、金雕、白肩雕，国家二级保护野生动物32种，陕西省重点保护野生动物30种
			秦岭南坡东部水源涵养果树林区	国家一级保护野生植物有银杏、水杉、红豆杉3种，陕西省重点保护野生植物5种	国家一级保护野生动物有羚牛、林麝、云豹、豹、黑鹳5种，国家二级保护野生动物8种，陕西省重点保护野生动物10种
			秦巴低山丘陵水源涵养一般用材林区	国家一级保护野生植物有银杏、水杉、珙桐、光叶珙桐4种，国家二级保护野生植物8种，陕西省重点保护野生植物17种	国家一级保护野生动物9种，即金丝猴、大熊猫、羚牛、云豹、豹、林麝、东方白鹳、朱鹮、金雕，国家二级保护野生动物30种，陕西省重点保护野生动物33种
			汉中盆地绿化护岸林区	国家一级保护野生植物有银杏、水杉2种，国家二级保护野生植物6种，陕西省重点保护野生植物4种	国家一级保护野生动物有朱鹮、金丝猴、金雕、林麝4种，国家二级保护野生动物23种，陕西省重点保护野生动物16种

省	一级区	二级区	三级区	野生植物资源	野生动物资源
四川省	南方亚热带常绿阔叶林、针阔混交林重点开发区	秦巴山地特用防护林区	巴山中山水源涵养林区	国家一级保护野生植物有银杏、红豆杉、珙桐、光叶珙桐4种，国家二级保护野生植物13种，陕西省重点保护野生植物19种	国家一级保护野生动物有金丝猴、羚牛、豹、虎、林麝、朱鹮、东方白鹳、金雕8种，国家二级保护野生动物27种，陕西省重点保护野生动物22种
甘肃省			小陇山水源涵养一般用材林区	分布有各类植物171科2 511种，其中木本植物824种，木本植物中乔木312种、灌木512种，珍稀植物69种，隶属于35科61属。国家重点保护野生植物15种，其中国家一级保护植物5种，分别是银杏、水杉、红豆杉、南方红豆杉、独叶草。国家二级保护植物有10种：秦岭冷杉、大果青扦、巴山榧树、连香树、油樟、水青树、厚朴、水曲柳、野大豆、红花绿绒蒿	国家一级保护的野生动物11种，有豹、云豹、白唇鹿、白鹤、白鹳等；国家二级保护的野生动物39种，有黑熊、林麝、穿山甲、红腹角雉、红腹锦鸡等
			陇南山地水土保持木本粮油林区	有种子植物224科945属，近2 700种，其中木本植物800多种，草本植物近1 900种。国家一级保护植物有6种：珙桐、光叶珙桐、南方红豆杉、银杏、水杉、独叶草，国家二级保护植物有秦岭冷杉、麦吊云杉、香果树、红豆树、金钱松等8种	国家一级保护植物有金丝猴、梅花鹿；国家二级保护植物有黑熊、斑羚、林麝、鬣羚、鸢、雀鹰、燕隼、红腹锦鸡等
			白水江自然保护饮料林区	高等植物197科2 160种，19亚种，239变种，12变型，是甘肃珍稀濒危植物分布最集中的地区，其中国家一级保护植物5科5属6种，即珙桐、光叶珙桐、水杉、银杏、香果树、南方红豆杉。经济植物种类丰富，竹类有11种，药用植物有100多种	野生动物485种，隶属32目98科273属，占甘肃省脊椎动物总数的65.45%。兽类77种，鸟类275种，鱼类68种，两栖爬行类65种，昆虫类2 138种，蜘蛛类195种。国家一级保护动物有大熊猫、金丝猴、羚牛、绿尾虹雉、金雕、云豹等11种，国家二级保护动物有猕猴、藏酋猴、豺、狼、黑熊、棕熊、小熊猫、水獭、大灵猫、猞猁、金猫等41种

四、秦巴山脉养殖业

（一）秦巴山脉主要畜禽存栏情况

秦巴山脉的畜禽存栏情况：猪有2 778.23万头，牛有2 167.05万头，禽有2 693万羽。从秦巴山脉主要畜禽养殖存栏数量构成来看，四川秦巴是养猪大区，占秦巴山脉总量的36.01%，湖北与河南秦巴各占21.24%和20.61%，陕西秦巴占14.90%，甘肃秦巴占5.98%，最小的重庆秦巴占1.26%。陕西秦巴是养牛大区，占秦巴山脉总量的67.29%，重庆、四川与河南秦巴比较接近，分别为8.98%、7.58%和7.24%，湖北与甘肃秦巴比较接近，分别为4.86%和4.05%。湖北秦巴是禽类养殖大区，占总量的31.91%，四川与河南均接近25%，陕西秦巴占9.91%，重庆秦巴占7.76%，甘肃秦巴最小，占2.18%（表2-26）。

表2-26　五省一市秦巴山脉主要畜禽存栏量比较

地区	猪	牛	禽
秦巴山脉合计	100.00%	100.00%	100.00%
重庆秦巴	1.26%	8.98%	7.76%
湖北秦巴	21.24%	4.86%	31.91%
陕西秦巴	14.90%	67.29%	9.91%
河南秦巴	20.61%	7.24%	23.98%
四川秦巴	36.01%	7.58%	24.25%
甘肃秦巴	5.98%	4.05%	2.18%

注：表中百分比之和可能不等于100%，是因为有的数据进行了舍入修约

（二）秦巴山脉畜牧产品情况

秦巴山脉的肉类总产量为435.57万吨，其中猪肉总产量为325.63万吨，禽肉为47.31万吨。各省市肉类份额比例构成中，四川秦巴最高，为30.96%，陕西秦巴为20.40%，河南秦巴为17.68%，湖北秦巴为16.75%，重庆秦巴为10.60%，甘肃秦巴为3.61%。四川秦巴猪肉产量接近三分之一，陕西秦巴超过五分之一。禽肉产量比例结构中，四川与湖北秦巴均接近三分之一，陕西与河南秦巴接近，重庆秦巴占比为14.10%。牛肉产量结构中，四川秦巴接近二分之一。秦巴山脉的奶类产量（以牛奶为主）为49.70万吨，其中河南秦巴占46.74%，陕西秦巴占40.21%，二者之和在秦巴山脉中占有绝大比例。秦巴山脉禽蛋产量为119.16万吨，其中河南秦巴达28.06%，四川与陕西秦巴均未超过四分之一。秦巴山脉蜂蜜产量为17 619.50吨，其中河南秦巴具有明显优势，占61.32%（四川及甘肃秦巴缺少数据所致）。秦巴山脉蚕茧总产量为35 167吨，其中四川秦巴接近二分之一，陕西秦巴接近三分之一。总体来看，四川秦巴是畜牧业强区，其次是陕西与河南秦巴，而在畜牧业中又以养猪产业最强，在全国也具有较大优势（表2-27）。

表2-27　五省一市秦巴山脉肉类产量比较

地区	肉类产量	猪肉	禽肉	牛肉	奶类	禽蛋	蜂蜜	蚕茧
秦巴山脉合计	100.00%	100.00%	100.00%	100.00%	100.00%	100.00%	100.00%	100.00%
重庆秦巴	10.60%	11.39%	14.10%	2.36%	2.71%	5.63%	6.15%	10.38%

续表

地区	肉类产量	猪肉	禽肉	牛肉	奶类	禽蛋	蜂蜜	蚕茧
湖北秦巴	16.75%	15.24%	30.87%	14.01%	1.80%	18.05%	14.56%	7.03%
陕西秦巴	20.40%	22.47%	12.09%	7.21%	40.21%	22.58%	17.97%	32.45%
河南秦巴	17.68%	15.20%	11.94%	23.56%	46.74%	28.06%	61.32%	0.93%
四川秦巴	30.96%	31.97%	31.00%	49.45%	4.44%	24.21%	—	49.21%
甘肃秦巴	3.61%	3.73%	—	3.41%	4.11%	1.48%	—	—

注：表中百分比之和可能不等于100%，是因为有的数据进行了舍入修约

秦巴山脉五省一市的肉类产量结构以猪肉为主，占肉类总产量的74.76%，在秦巴山脉具有绝对优势，牛肉比例略高于禽肉。其中，陕西与重庆秦巴猪肉比例超过80%，河南与湖北秦巴相对较低但仍然高于60%，四川秦巴的猪肉比例为77.19%（表2-28）。

表2-28　五省一市秦巴肉产品结构

地区	肉类产量	猪肉	禽肉	牛肉
秦巴山脉合计	100.00%	74.76%	10.86%	14.38%
重庆秦巴	100.00%	80.29%	14.44%	3.22%
湖北秦巴	100.00%	68.05%	20.02%	11.93%
陕西秦巴	100.00%	82.36%	6.44%	5.11%
河南秦巴	100.00%	64.26%	7.34%	19.27%
四川秦巴	100.00%	77.19%	10.87%	11.94%
甘肃秦巴	100.00%	76.90%	—	23.10%

（三）秦巴山脉人均畜产品情况

秦巴山脉人均畜产品情况见表2-29。全国人均猪肉产量为48.6千克，秦巴山脉高于全国平均值。重庆秦巴高于重庆市（56千克），湖北秦巴高于湖北省（62千克），陕西秦巴高于陕西省（27千克），河南秦巴低于河南省（59千克），四川秦巴高于四川省（70千克），甘肃秦巴低于甘肃省（33千克）。

表2-29　秦巴山脉人均畜产品情况（单位：千克）

地区	肉类	禽蛋
五省一市秦巴	65.27	15.04
重庆秦巴	63.03	9.15
湖北秦巴	78.46	0.03
陕西秦巴	64.99	19.68

续表

地区	肉类	禽蛋
河南秦巴	58.24	25.29
四川秦巴	78.10	16.70
甘肃秦巴	27.85	3.12

（四）秦巴山脉畜牧产业

秦巴山脉各地市级的肉类产量及牧业产值如表2-30所示。陕西省的汉中与安康肉类产量较高，河南省的南阳肉类产量较高，甘肃省的定西肉类产量较高，四川省的达州与南充肉类产量较高。牧业产业与肉类产量基本吻合。

表2-30　秦巴山脉各地市级的肉类产量及牧业产值

地区	肉类总产量/吨		牧业产值/万元	
	合计	隶属秦巴	合计	隶属秦巴
陕西省	1 167 600	888 469	6 436 731	2 533 120
西安市	144 209	86 853	863 902	306 466
宝鸡市	186 692	31 713	988 080	103 708
渭南市	222 017	19 515	789 021	64 511
商洛市	152 654	152 654	579 499	579 499
汉中市	316 589	346 589	1 026 821	1 026 821
安康市	281 145	281 145	452 115	452 115
河南省	6 990 500	770 195	24 862 800	2 057 622
洛阳市	266 871	127 724	1 346 352	552 312
平顶山市	401 617	139 481	1 341 498	473 555
南阳市	724 587	450 856	2 447 836	829 897
三门峡市	100 733	52 134	383 833	201 858
湖北省	4 404 400	729 427	14 276 000	3 820 200
十堰市	—	215 783	802 500	879 654
襄阳市	—	509 297	3 006 900	1 178 014
神农架林区	4 347	4 347	10 800	10 800
甘肃省	951 000	157 138	2 533 899	366 772
陇南市	86 484	86 484	206 280	206 280
天水市	77 974	16 594	182 642	38 825
定西市	88 366	28 472	207 370	47 739

地区	肉类总产量/吨		牧业产值/万元	
	合计	隶属秦巴	合计	隶属秦巴
甘南藏族自治州	65 381	25 588	206 794	73 929
四川省	6 899 900	1 348 562	22 675 600	3 835 674
达州市	490 304	301 744	1 956 524	588 480
巴中市	313 425	313 425	607 502	607 502
广元市	289 102	289 102	710 552	710 552
绵阳市	403 860	120 299	1 611 553	512 988
南充市	580 970	323 992	2 507 221	1 416 152
重庆市	2 142 054	461 877	4 863 605	783 119

畜禽养殖效益超过10亿元的县（市）有43个；超过20亿元的县（市）有11个；超过30亿元的县（市）有4个，分别是河南的叶县、湖北的谷城与南漳县、四川的仪陇县。其余县市畜牧产业产值低于10亿元。

肉类产量超过3万吨的县（市）有45个；超过6万吨的县（市）有23个；超过9万吨的县（市）有6个；超过12万吨的县（市）有3个，分别是湖北的襄州区、四川的宣汉县与达州区。其余县（市）肉类产量小于3万吨。

生猪年末存栏大于20万头的县（市）有44个；超过40万头的有24个；超过60万头的有9个；超过80万头的有4个，分别是河南的叶县，湖北的襄州区、南漳县和郧阳区。其余县（市）生猪年末存栏小于20万头。

（五）秦巴山脉畜禽养殖污染问题

规模化畜禽养殖畜禽粪便污染是全国普遍存在的问题，秦巴山脉也不例外。根据2013年五省一市的畜禽年出栏量，估算出猪、牛、羊和家禽年排泄总量为41 442万吨，各类畜禽排泄量占全国同类畜禽排泄量的比例分别为30%、35%、21%和20%。规模化畜禽粪便污染存在的主要问题：一是畜禽粪便不能还田利用，尤其是不能持续还田；二是养殖场粪便管理不到位，偷排粪便的现象很难监管；三是采用工程措施的畜禽粪便污染处理运行费用高，不能持续运转（检查人员来时开启，离开就关停），不达标排放较为常见。另外，一些养殖场选址不合理，距离河道近（这是南方养殖场普遍存在的问题，目的是便于偷排），威胁地表水质安全（秦巴山脉本身河道密度较大）。

五、秦巴山脉中药材

（一）秦巴山脉中药材资源

秦巴山脉中药材资源种类繁多，素有"巴山药乡"之美誉。秦巴山脉地处暖温带落叶阔叶林向亚热带常绿阔叶林的过渡带，是中国两大植物亚区（即中国—日本植物亚区和中国—喜马拉雅植物亚区）交汇处，兼有中国南北植物区系成分。植物种类丰富，且含有许多种子植物的特有属及特有种，秦岭有种子植物197科1 006属3 436种，是全国同类种数的14%，总属数的33.76%，总科数的65.23%。裸子植物9科，被子植物188科。在被子植物中，双子叶植物160科，单子叶植物28科。其中，秦岭特有植物800多种。大巴山属北亚热带常绿、落叶混交林带，其中华中植物区系成分很多。以陕西秦巴为例，其中药材资源种类占全省总数的2/3以上，达1 500种以上，仅秦岭山地太白山就有中草药近千种。著名药材有党参、当归、地黄、黄芪、贝母、茯苓、黄连、杜仲、天麻、白芍、菊花、牛膝、山茱萸、枸杞子、大黄、药用大黄、红毛五加及九节菖蒲等。民间草药种类丰富，多为本区的代表种和特有种，仅以"七"命名的药材就有144种，如桃儿七、红毛七、长春七等；稀有药用植物有太白贝母、太白米、凤凰草、枇杷芋、延龄草、祖师麻、黄瑞香、太白美花草、独叶草、手掌参、太白乌头、太白黄连和朱砂莲等。秦巴山地的秦岭东段、武当山、荆山和神农架北坡植物区系结构相当复杂，既有华东区系成分，又有西南和西北区系成分。这里的药用植物种类特别丰富，有代表性和特殊性的木本植物有枇杷、山豆根、七叶树、天师栗、密蒙花、油茶、金樱子、武当玉兰、女贞、银杏、杜仲、黄檗、厚朴、三尖杉、川桂、常山、红茴香等；藤本有鸡血藤、钩藤、凌霄花、青牛胆、华钩藤、木通、三叶木通、飞龙掌血、大血藤、南五味子、猫儿屎、猕猴桃、唐松草、绞股蓝、雪胆等；草本有鹿衔草、半枝莲、乌头、拳参、川牛膝、独角莲、华细辛、毛细辛、秦艽、北柴胡、百合、甘肃贝母、川贝母、珠芽蓼、窝儿七、甘青乌头、太白棱子芹、五脉绿绒蒿、扣子七和鬼灯檠等。栽培药材约有100种，在国内占有重要地位的有当归、天麻、杜仲、独活、连翘、黄连、党参、红芪、大黄、厚朴、吴茱萸、云木香、川贝母、附子、山茱萸及栀子等。药用动物种类也相当丰富，主要有林麝、豹、黑熊、金丝猴、苏门羚、灵猫、大鲵、白鹳、穿山甲、鳖、龟、蝎、水獭、乌梢蛇、乌骨鸡、獾、土鳖虫、蜣螂、蝉等。药用矿物则有朱砂、水银、密陀僧、磁石、自然铜、石膏、雄黄、信石、炉甘石、花蕊石、礞石、石燕、龙骨、寒水石、滑石、赭石、禹粮石、金精石、钟乳石、银精石、阳起石和硫黄等。

（二）秦巴山脉中药材人工栽培情况

秦巴山脉人工栽培的中药材面积达40.3万公顷，占五省一市中药材种植面积的45.09%，中药材产量是125.1万吨，是五省一市中药材产量的49.54%。产量比例大于面积比例，表明秦巴山脉具有一定的中药材生产优势。五省一市的秦巴中药材情况如下：种植面积最大的是陕西秦巴，占总面积的41.36%，产量占总产量的45.13%，在秦巴山脉区域内具有绝对面积优势与产量优势。其次是甘肃秦巴，占总面积的22.05%，占总产量的20.11%。重庆、河南与四川秦巴基本相当，湖北秦巴种植面积与产量比例相对较低（表2-31、图2-1和图2-2）。

表2-31　秦巴山脉中药材种植面积及产量

地区	面积比例	产量比例
五省一市	100.00%	100.00%
五省一市秦巴山脉	45.09%	49.54%
重庆秦巴	10.87%	11.34%
湖北秦巴	6.61%	0.28%
陕西秦巴	41.36%	45.13%
河南秦巴	10.66%	12.90%
四川秦巴	8.46%	10.25%
甘肃秦巴	22.05%	20.11%

注：表中百分比之和可能不等于100%，是因为有的数据进行了舍入修约

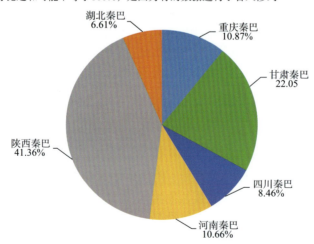

图2-1　秦巴山脉中药材种植面积结构

图中数据相加不等于100%，是因为进行了舍入修约

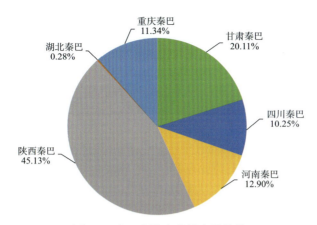

图2-2　秦巴山脉中药材产量结构

图中数据相加不等于100%，是因为进行了舍入修约

（三）秦巴山脉中药材产业状况

秦巴山脉中药材产值估算约为675 867万元，占秦巴山脉农林牧渔服务业总产值的1.63%，占农业产值的2.95%（表2-32）。其中陕西秦巴中药材产值为304 991万元，是秦巴山脉中药材产值的45.13%，是陕西秦巴区域农林牧渔服务业总产值的3.25%，是农业总产值的5.72%；甘肃秦巴中药材产值为135 890万元，是秦巴山脉中药材产值的20.11%，是甘肃秦巴区域农林牧渔服务业总产值的7.36%，是农业总产值的9.86%。陕西与甘肃秦巴是全秦巴山脉中药材产业主要产地，总量均超过10亿元，对农业产值的贡献相对较大，应该加强中药材产业的进一步发展。湖北秦巴中药材产值在农林牧渔服务业总产值及农业总产值中所占的比例很低。重庆秦巴的中药材产业优势相对较大，处于第四位（区域土地面积在五省一市中最小），产值在农业中的比例高于秦巴山脉平均值。河南秦巴的中药材产值比例与其在秦巴山脉中的位置不匹配，中药材产值的总量比例不高，在农业产值中的比例也较低。

表2-32　秦巴山脉中药材产业状况

地区	中药材产值/万元	产值比例	中药材产值/农林牧渔服务业产值	中药材产值/农业产值
秦巴山脉	675 867	100.00%	1.63%	2.95%
重庆秦巴	76 612	11.34%	2.37%	3.90%
湖北秦巴	1 913	0.28%	0.02%	0.04%
陕西秦巴	304 991	45.13%	3.25%	5.72%
河南秦巴	87 167	12.90%	1.19%	1.87%
四川秦巴	69 294	10.25%	0.71%	1.47%
甘肃秦巴	135 890	20.11%	7.36%	9.86%

注：表中百分比之和可能不等于100%，是因为有的数据进行了舍入修约

　　秦巴山脉除了是全国主要的中药材种植区域外，还是全国中药材原料的重要集散地。河南省禹州市（不属于秦巴山脉范围）与四川省成都市荷花池药材市场均是全国主要药材集散地，重庆市、西安市、兰州市都是重要的中药材集散省会城市，加上便利的交通设施，中药材集散交易的市场潜力较大。另外，甘肃省定西市陇西县（不属于秦巴山脉范围）后来居上，中药材交易发展迅速，成为西北内陆转运国内市场的重要枢纽，为拉动秦巴山脉西区中药材产业发挥着重要作用。以陕西秦巴片区为例，现有中药制药企业30余家，取得国家批准药号的有300多种，汉中市有陕西汉王药业有限公司、陕西盘龙药业集团股份有限公司、陕西白云制药有限公司、安康正大制药有限公司、陕西天洋制药有限责任公司、陕西香菊药业集团有限公司、陕西必康制药有限责任公司、陕西欧珂药业有限公司、陕西天士力医药有限公司等上规模的企业。医药中间体加工企业20多家，分别从事黄姜、绞股蓝、天麻、杜仲、丹参、葛根、西洋参、水飞蓟等多种药材有效组分的提取、提纯。以中药材为原料的食品、化妆品、保健品及化工等工业原料企业有30余家，产品达100余种。中药工业已初具规模，陕南三市高度重视中药工业的发展，分别组建了商州刘湾生物医药产业园、柞水盘龙生态医药园、汉台生物医药产业园、汉滨生物医药园、山阳县医药产业园、南郑县中药材提取物产业带、汉滨—石泉中药材提取物产业带。这些企业和医药产业园的形成为秦巴山脉提升中药材资源产品附加值提供了可靠保证。

　　（四）秦巴山脉中药材资源分布

　　秦岭是我国重要的野生中药材资源宝库，自古以来就有"秦岭无闲草"之说。以太白山为例，它是中国青藏高原以东第一高峰，海拔3 771.2米，山势高峻、地形起伏很大、气候差异显著，孕育了800多种中药材，被誉为"药山"。有代表性的中草药包括羊角参、太白洋参、手儿参、黄芪、何首乌等。仅带"七"字的中药材就有137种，如头发七、豌豆七、人头七等，仅陕西省秦岭地区就有3 210种天然药用植物，占全国药用植物的30%；在第四次全国中药资源普查统一布置的364个重点品种中，陕西省有283种，占77.75%。秦巴山脉的秦岭山脉中药材资源的垂直分布状况如表2-33所示。

表2-33　秦巴山脉的秦岭山脉中药材资源的垂直分布状况

地带分布		海拔	植被类型			主要品种
山麓农耕植被带		600~900米	人工生态植被			人工种植的中药材、粮食、果树、蔬菜
山地落叶阔叶林带	栓皮栎林亚带	780~1 200米	乔木	林下灌木	林下草本	乔木：栓皮栎、槲栎、槲树等
						灌木：华中五味子、忍冬、穿龙薯蓣、鞘柄菝葜等
						草本：苍术、牡蒿、短角淫羊藿、远志、石竹、酸枣、北柴胡、青蒿、地榆、龙牙草等

续表

地带分布		海拔	植被类型			主要品种
山地落叶阔叶林带	尖齿栎林亚带	1 200~1 800米	乔木	林下灌木	林下草本	乔木：尖齿栎、栓皮栎、辽东栎等 灌木：绣线菊类、胡枝子类、杭子梢等 草本：铃兰、糙苏、山萝花、华中五味子、三叶木通、忍冬、葛藤、沙棘、兔儿伞、松潘乌头、活血丹、北苍术、毛茛、贯叶连翘、穿龙薯蓣等
	辽东栎林亚带	1 800~2 300米	乔木	林下灌木	林下草本	乔木：辽东栎、槭类、华山松等 灌木：照山白、华橘竹、箭竹、湖北山楂、桦叶荚蒾等 草本：短角淫羊藿、鬼灯檠、藜芦、黄莲花、白藓、蜀五加、紫花卫矛、索骨丹、落新妇、马蹄香、北重楼、细辛、徐长卿、鞘柄菝葜等
	红桦林亚带	2 300~2 600米	乔木	林下灌木	林下草本	乔木：红桦、巴山冷杉、华山松等 灌木：蔷薇、箭竹、太白杜鹃等 草本：大花糙苏、碎米荠、川赤芍、重楼、大叶三七、羽叶三七、圆叶鹿蹄草等
	牛皮桦林亚带	2 600~2 800米	乔木	林下灌木	林下草本	乔木：牛皮桦、巴山冷杉、红桦等 灌木：杜鹃、冰川茶藨子、峨眉蔷薇、华橘竹等 草本：大叶碎米荠、独叶草及大花糙苏、祖师麻、华西银腊梅、刚毛忍冬、酢浆草、太白米等
山地针叶林带	巴山冷杉林亚带	2 800~3 200米	乔木	林下灌木	林下草本	乔木：巴山冷杉、秦岭冷杉等 灌木：金背杜鹃、秀雅杜鹃、华西忍冬、五台忍冬等 草本：黄芪、金银花、延龄草、大叶铁线莲、虎耳草、火烧兰、淫羊藿、华中五味子、重楼等
	太白红杉林亚带	3 200~3 400米	乔木	—	—	乔木：太白红杉、巴山冷杉、牛皮桦等 灌木：头花杜鹃、高山绣线菊、金背杜鹃、刚毛忍冬、华西忍冬等 草本：珠芽蓼、秦岭龙胆、藓类等
高山灌丛草甸带	头花杜鹃灌丛与杯腺柳灌丛亚带	3 400~3 600米	乔木	—	—	灌木：常绿草质叶片的头花杜鹃灌丛和落叶阔叶的杯腺柳灌丛及高山绣线菊灌丛 草本：球穗蓼、珠芽蓼、太白韭、太白银莲花、秦岭龙胆、太白乌头、矮金莲花、铁棒锤、秦岭党参等
	禾叶嵩草、球穗蓼草甸亚带	3 600~3 767米	乔木	—	—	主要由禾叶嵩草和球穗蓼构成。伴生草本主要有紫苞风毛菊、石砾紫苑、秦岭龙胆、珠芽虎耳草、凤尾七等

注：南坡比北坡各带升高100~200米

（五）秦巴山脉中药材产业发展面临的主要问题

1.加工水平低，限制中药材产业发展

药材加工以饮片为主，饮片加工企业多，但通过药品生产质量管理规范（Good Manufacture Practice of Medical Products，GMP）认证的少，且规模小；

制药企业很多，但知名企业少，没有大的品牌。河南秦巴制药企业有50多家，其中仲景宛西制药股份有限公司、河南淅川制药（集团）有限公司等名气较大。陕西秦巴现有中药制药企业30多家，取得国家批准药号的有300多种，其中陕西汉江药业集团股份有限公司、陕西汉王药业有限公司、陕西盘龙药业集团股份有限公司等名气较大。初步形成黄姜、天麻、绞股蓝、杜仲、葛根、丹参、水飞蓟等中药加工链条。安康北医大药物研究院研究开发的国家一类创新中药"股蓝泼尼松"获得国家新药证书；西安正大制药有限公司研究开发的国家二类新药"芄龙胶囊"已经投放市场；陕西中药天然药物工程研究中心利用秦艽开发的国家一类新药秦龙苦素已经进入二期临床试验，利用黄姜开发的国家二类新药黄姜素已进入三期临床试验；陕西汉王药业有限公司研究开发的"天麻定眩片""舒胆片"已被列入国家中药保护品种。

2. 中药材加工技术瓶颈没有突破，药材加工污染限制产业进一步发展

以黄姜为例，黄姜加工生产皂素高耗水、高污染，每生产1吨皂素，会排放上千吨含无机酸的黄黑色酸性废水，被称为"废水之王"，排放的黄姜酸解废液含酸高、胶质重、色素浓，呈棕红色，漂浮白色的泡沫，散发出刺鼻的酸臭味，造成严重的污染。尤其是在黄姜初期加工过程中，水解物产生的废水处理非常困难。高浓度的黄姜酸性废水污染程度达到造纸废水的12倍。含有有毒化学元素的黄姜残渣大量堆放，渗透液向地下渗透，黄姜加工废水排入江河渠沟等，影响地下水，导致土壤酸化，废水中有毒的化学元素将土壤变成"毒壤"，废水所流之处，土壤发黑。废水污染引起人畜饮水困难，农作物减产，森林、植被等被破坏，可使水草枯萎，影响水中动物生存，严重污染水源、土壤。黄姜加工生产时产生大量恶臭和刺激性的酸臭气味，排放的废水散发臭味，臭气也会严重污染环境。黄姜加工过程中汽油和燃煤等也会造成污染。由于黄姜加工排放出大量超标的废水，COD（chemical oxgen demand，化学需氧量）值高达30 000~50 000毫克/升。

秦巴山脉的黄姜主要种植区域在河南省南阳市（淅川县、西峡县、镇平县、桐柏县、卧龙区、内乡县等），约4万亩，平均亩产可达600千克；陕西省安康市2014年黄姜收获面积13.2万亩，产量14.5万吨，其中汉滨区、旬阳县、白河县为主要产区，面积均达到2万亩以上。

黄姜皂素提取的传统工艺主要包括直接酸水解方法和预发酵—酸水解方法，主要问题：一是自身酸水解带来的严重酸污染；二是黄姜中其他资源的大量浪费。黄姜皂素提取的新工艺有分解分离法（步骤多，工艺多，回收率低，成本不低）、有机溶剂萃取法（回收率高、纯度高但成本高）、超声—微波配合有机溶剂萃取（在水解前利用超声萃取方法提取浓缩黄姜中的总皂苷，是减少后期水解

酸用量，降低废水中COD值的非常有效的方法，同时超声萃取能很好地保证提取产物的天然状态，有着很好的应用前景。噪声大、萃取溶剂消耗量大是超声萃取需要进一步解决的问题）、柱层析（一般硅胶柱对薯蓣皂苷有较大的吸附力，在洗脱时容易造成薯蓣皂苷的损失，而反相硅胶柱则更易结合极性大的化合物，对薯蓣皂苷有较好的分离效果，但是该方法较为费事，而且溶剂不易于回收）、薄层层析法（优点是可以同时分离提取多个样品中的薯蓣皂苷，大大提高了分离提取的效率，而且分离纯度高，该方法的关键在于找到合适的展开剂，不足是一次分离量少）等方法。

3. 无序采挖使野生药材的蕴藏量和种类都有所下降，有的处于濒危边缘，有的已经是濒危药材，急需进行重点保护

秦巴山脉生态类型特征造就了多种不同类型的生态环境条件，而中药材在不同类型的生态条件下都有适宜的品种生长，此条件是相应药材生长的最佳条件，这就为发展多种类型的中药材品种提供了条件，但长久以来，各地在林中、山上的中药材均采取自然繁殖方式，用药需求量的加大，利益的驱使，造成对中药材的过量采收，再加上不注重繁殖扩增，收获大于产出，中药材资源量逐渐减少，资源受到破坏。在盆地发展的人工种植的常用大宗药材中，虽然有几种药材品种通过了GAP（Good Agriculture Practice，良好农业规范）认证，但数量较少，多数生产技术还很落后，化肥施用量不符合要求，还有使用高毒农药的现象。占山区面积最大的林下土地资源大量闲置或利用率极低，造成土地资源紧张。现有的自然保护区由于资金缺乏，财政投入少，基础设施发展滞后，人员缺乏，相关设施和技术不到位，保护工作并不到位，群众保护意识淡薄，随意乱采滥挖现象严重。

由于凿山开矿、旅游开发及药农乱采滥挖等，秦岭中药材资源破坏严重，"秦岭八宝"（药王茶、黑枸杞、太白米、金丝带、菊三七、羊角参、黑洋参、手掌参）数量急剧减少，金丝带已基本绝迹，药王茶只能找到一两棵，其他中药材资源也难觅其踪。

4. 中药材良种资源缺乏，种植技术落后

秦巴山脉中药材良种普及率不高，需要坚持引进外地良种与自繁自育、自主创新相结合的办法，建立健全特色中药材种质资源圃及良种繁育体系，每个省市至少建立一个100亩以上的种质资源圃和良种繁育基地，一个1 000亩的良种繁育示范基地。秦巴山脉山林地面积巨大，开发林下中药材种植品种与栽培模式试验示范，合理利用林下土地资源，变因山而穷为因山而富。加强闲散用地整合，鼓励低效益用地增容改造和深度开发。另外，有些人工栽培的中药材由于栽培种植

年限长、投资大、见效慢、人工栽培的有用药效成分难以达到野生品种的有用药效成分、后期的中药材提炼加工技术跟不上、相关的研究跟不上等，开发利用受阻。

六、秦巴山脉农林畜药发展的主要成就

（一）整体保障了生态环境的安全，为区域水土资源安全与我国生态环境安全做出巨大贡献

秦巴山脉整体生态环境良好，植被覆盖率高，水土流失得到有效控制，大部分地区的水质优良。农业面源污染得到有效的控制，农村生活垃圾以及城市生产生活废水得到有效治理，流域水质达到了相关标准。但是局部地区的生活与工业污染（尤其是农村生活固体垃圾）仍然存在，主要原因是管理不到位。秦巴山脉的森林碳汇总量约6.80GtC，氧气产生量10 630.49万吨/年，分别占全国的 7.04 %和8.66%。

（二）基本解决了农产品自给问题，为当地社会经济稳步发展起到重要基础支撑作用

秦巴山脉整体的人均粮食产量为468.29千克，高于全国平均水平（443.46千克/人），已经超过我国粮食安全基线，但区域差异较明显，如秦巴山脉湖北片区襄阳市的人均粮食产量超过800千克（片区人均粮食产量为530.14千克），秦巴山脉河南片区南阳市的人均粮食产量超过1 000千克（片区人均粮食产量829.18千克），但秦巴山脉的陕西与甘肃片区的人均粮食占有量较低，其中陕西片区不足300千克（实际值285.39千克），甘肃片区为316.12千克。四川片区的人均粮食产量是410.67千克，重庆片区是345.22千克，在秦巴山脉更具有代表性，主要是因为重庆片区是"纯"的山区。因此，各个片区要依据自己的实际情况，不能轻视粮食生产，一方面粮食主产区的富裕粮食可以调配到粮食短缺的区域，另一方面粮食短缺区域也要提高粮食自给率。从全国层面考虑，我国人均耕地资源少，目前粮食还不能自给，每年都需要从国际市场上购买贸易粮，所以任何区域都要重视粮食生产。秦巴片区其他农产品情况：人均油料59.64千克（其中，重庆16.61千克、湖北47.25千克、陕西27.41千克、河南172.02千克、四川37.78千克、甘肃14.27千克），人均肉类占有量为65.27千克（其中，重庆63.03千克、湖北78.46千克、陕西64.99千克、河南58.24千克、四川78.10千克、甘肃27.58千克），人均禽蛋占有量为15.04千克（其中，重庆9.15千克、湖北0.03千克、陕西19.68千克、河南25.29千克、四川16.70千克、甘肃3.12千克）。

（三）农民收入水平和区域脱贫能力不断提高，为秦巴地区脱贫任务的早日完成奠定了基础

近几年秦巴山脉各片区的农民收入有很大的提高，农村生活、住房等方面变化较大，有些片区甚至已经超过全国的平均水平，如2014年湖北片区农村居民人均可支配收入超出全国平均水平400多元（全国平均水平为10 489元）；河南与湖北片区人均住房消费增长超过全国平均水平；甘肃片区人均食品消费超过全国平均水平的0.5%；在生活品消费、交通与通信方面，秦巴山脉各片区全面超过全国平均水平。但是，有些片区距离全国平均水平还有很大距离，贫穷状态没有发生根本改变，片区的脱贫任务仍然非常艰巨。另外，从收入结构看，农民收入主要来自外出打工收入，农业收入非常有限。因此，解决农村居民的农业收入将是完成秦巴山脉脱贫任务的主要任务。

（四）特色农林畜药产品的不断开发与完善，为解决和丰富国内外发展需求做出了巨大贡献

秦巴山脉的农林畜药农产品类型及品种十分丰富，有些地区的特色农产品开发已经取得了显著成效。例如，甘肃省陇南市的油橄榄与花椒、陕西省汉中市的富硒茶与富硒农产品、重庆市的奉节脐橙、湖北省的食用菌、河南省的烟草、四川省的朝天椒等，其中有些特色农产品的产业化发展成为当地农村经济发展支柱。目前，亟待开发的特色农产品很多，市场潜力很大，这应该是秦巴山脉今后农业发展的重要组成部分。

（五）形成了大批环境友好型农业发展模式，为绿色循环发展提供了良好的基础

秦巴山脉的传统农业优势明显。受制于山区及农田面积，秦岭山脉大部分山区传统农业的特点十分显著，这些传统农业技术大部分具有环境友好型特点，只要稍加改进均可以成为环境友好型农业发展模式，在秦巴山脉地区可以大力推广，对实现绿色循环发展打下了良好的基础。陕西省汉中市按照有机农业发展规划，目前已获得68个有机食品认证，生产面积达5.9万公顷，产量为35.7万吨，涉及农业企业54家。目前，已经建成了0.54万公顷的有机茶园、0.67万公顷的果园基地、0.74万公顷的有机蔬菜基地、0.65万公顷的有机稻米基地等，有机产品的产量达到35.7万吨，产品种类多达30多种，十几种有机品牌中"朱鹮"品牌在周边形成了较大影响力。在传统经营方式的制约下，土地流转不畅通，有机农业产业发展也受到制约，加上深加工技术及资金制约，有机产业不及其潜力的5%。河南省有机农业生产基地达40万亩，年有机农产品产量达到20万吨，累计认证无

公害农产品205个、绿色食品35个、有机产品（含有机转换）393个；南阳黄牛、南阳赊店老酒等23种产品获得地理标志保护产品称号，"西峡香菇""西峡猕猴桃""西峡仲景香菇酱"获得国家生态原产地认证，累计发布A级绿色食品等地方标准和生产技术规程186项，以新型农业经营主体为依托，推广"公司+基地+农户+标准化"的生产经营模式，新建66个市级农业标准化示范基地，新认证"三品一标"产品50个，完成2万吨农产品进京任务，销售额达23 506万元。

第三章　农林畜药绿色循环发展中的问题

一、生存发展与生态环境矛盾突出

（一）人多地少，生存压力大

秦巴山脉人多地少，人均耕地面积不足1亩，总体上人均粮食占有量不足，如陕西与甘肃片区的人均粮食占有量为300千克左右，生存压力较大；只有少部分地区，如河南南阳市与湖北襄阳市，山区与平原互补，粮食自给有余。秦巴山脉农村居民人均可支配收入低，2014年河南、湖北、重庆、四川、陕西和甘肃的农村居民人均可支配收入分别为9 966元、10 849元、9 489元、9 348元、7 932元和6 277元，除湖北以外，其他省市均低于全国平均水平10 489元。例如，2014年陕西秦巴片区的贫困县29个（全省56个），人均纯收入2 500元以下的人口估计有307.5万人，贫困发生率37.5%，贫困人口约占陕西省贫困人口的39.7%。四川秦巴片区广安市有102个贫困村，贫困人口74.41万人，贫困发生率20%。到2013年底，湖北片区的十堰市农民人均纯收入达到5 296元，与2010年相比，贫困人口减少32.5万人，但贫困发生率高达35.7%。甘肃秦巴片区内有贫困人口130.47万人，占全省贫困人口的15.6%，贫困发生率53.2%，高居全省第一，在全国也是不多见的。

秦巴山脉仍属于以农业为主的区域。农村人口占总人口的73.4%，远高于全国水平的45.23%，第二、三产业吸纳农村就业人口的能力十分有限，农村劳动力剩余是一个长期存在的大问题。同时，受山区自然环境等客观因素的影响，城镇建设相对滞后，辐射带动效应不强，几乎各省市域内秦巴片区的城镇化率均位于全省倒数第一位。

（二）农田以坡耕地为主，生态保护压力大

长期以来，由于山区耕地资源不足，乱垦滥伐等生态破坏问题突出，秦巴山脉生态环境压力较大。至今，秦巴山脉的农田仍然以坡耕地为主，有些区域25°以上的坡耕地比例高达50%以上，导致潜在的水土流失和水体环境质量风险很

大。陕南秦巴片区的坡耕地面积占陕南总耕地面积的1/3，共有坡耕地62.21万公顷，其中，汉中有17.72万公顷坡耕地，安康有11.78万公顷坡耕地。位于秦岭深山区的镇安县，是一个"九山半水半分田"的地方，不少地方是"看天一条线，看地空中悬"，40万亩耕地中，95%的耕地是山坡地，其中坡度大于30°的"挂牌地"占42%以上。沟壑密度大，坡地面积广，加剧了水土流失。商洛地区是陕南秦巴片区水土流失最严重的地区之一，水土流失严重，其中强度、极强度和剧烈侵蚀区面积占商洛总面积的63.5%。汉中市海拔800米以上的耕地占汉中耕地总面积的50%，特别是耕地分布在海拔1 000米以上的面积占汉中耕地总面积的24.9%；安康地区耕地在海拔900米以上的面积占安康市耕地总面积的37%，其中超过海拔1 400米的耕地面积占安康市耕地总面积的6.5%。由于地形起伏大，再加上河沟发育，土壤侵蚀严重，农业面源污染极易发生，水环境保护的难度较大。

（三）长期"靠山吃山"持续引发生态与环境问题

秦巴山脉农村经济基础普遍较差，多数区域的农村人均收入水平在全国平均水平的2/3以下，加上种养仅能满足基本生存需求，日常生活开支来源一部分依靠外出打工，另一部分不能走出去的农村人口利用山区的自然资源，以采挖中草药与伐木为主。一些名贵珍稀药材野生种遭到过度采摘或采挖，数量急剧下降，有些甚至面临绝迹的危险，使秦巴山脉生物库资源保护面临严峻挑战。在被开发利用的药用植物资源中，约80%为野生药材，只有不到20%的药材被人工栽培。长期以来，该区域的中药材业长期处于"吃资源"以换取低成本的生产方式的状态，加上人们对土地、森林保护不力，我国野生药用动植物资源的储量已逐年下降或部分趋于枯竭，长期采挖或不合理的采收采猎，广泛使用化学制剂及污染等，导致近10年野生药用物种分布区域逐渐缩小，蕴藏量大为减少，部分常用中药材和道地药材的野生种质已趋于消失，少数物种已经或濒临灭绝。秦巴山脉的陕西秦岭西段、重庆的巴山东段由于人们多年来对中药材资源的过度采挖，珍稀药材品种濒临灭绝，道地药材的蕴藏量逐年减少，中药材资源的供求市场失衡。掠夺式的采挖和获猎，导致森林面积急剧减小，森林植被严重破坏，生态环境日渐恶化，使许多动植物失去了赖以生存的自然环境，处于濒临灭绝的境地。

因此，必须注意合理地开发利用药用动植物资源，重视野生药材资源的驯化栽培和保护，有限度地合理开发利用野生药用动植物资源，以达到可持续利用的目的。从长远考虑，把青山绿水变成可持续发展的"金山银山"，成为子孙后代永远的"靠山"。例如，陕西凤县、镇坪县和四川马尔康市、都江堰市等地林麝的养殖获得成功，并成为全国最大的林麝养殖基地，养殖户获得的经济效益十分突出；四川曼地亚红豆杉的研究和应用促使川东北地区开始尝试建立GAP基地；'巴山银杏'在通江县建成了省级科研示范基地，并已经带动当地老百姓广为种植；巴州区已经初具川明参种植及其深加工基地雏形。

（四）农业劳动力输出数量大，受教育水平的限制，劳动技能不高，农业技术推广应用难度大

秦巴山脉年输出农村劳动力总量达到1 405.01万人，占秦巴山脉总人口的21.64%，占秦巴山脉农村人口的29.48%，占秦巴山脉农村劳动力的48.89%。秦巴山脉农村外出务工人员基本态势是总人口的1/5、农村人口的1/3、农村劳动力的1/2。其中，陕西秦巴山脉的农村外出人口接近总人口的30%，重庆与湖北秦巴山脉的农村外出人口远远超过农村人口的1/3，也远远超出农村劳动力的1/2。秦巴山脉农业劳动力素质总体不高，主要表现在两个方面：一是农村缺乏青壮年劳动力，农业生产以老人、妇女甚至未成年人为主体，农业生产面临劳动力不足的尴尬局面；二是农村大专以上文化水平劳动力比例非常低，多数从农村走出去的大学生毕业后基本上工作与生活在城市，导致秦巴山脉农村劳动力文化水平不升反降，一些先进的农业技术推广应用根本无法开展，农业生产力受到严重制约。

（五）村镇居住环境闭塞，物流与信息流不畅

近年来，秦巴山脉乡村交通基础设施状况虽有较大改善，但公路技术等级较低，二级及以上等级公路里程仅占公路网总里程的6%，特别是乡村交通基础设施落后，通沥青（水泥）路的村子不到秦巴山脉所有村子总数的50%，有等级客运站的乡镇只有秦巴山脉所有村子总数的47%左右，仅有16%的建制村设有简易站、招呼站或候车亭牌。由于秦巴山脉的农村人居环境"山大沟深"，与外界的物理距离较远，农村的农产品及山货出山难度很大，经济潜力难以发挥出来；加上物理距离的限制和居住相对分散等原因，农村与外界信息沟通不畅通，甚至居民之间日常交流也相对困难。这样，外界的先进理念进不了山区，山区的需求到达不了山外，最终导致整体发展受到很大限制。

二、农业发展生产方式转变难度大

秦巴山脉的农业发展观念与方式需要根本转变，才能促进农业经济、农村发展与农民生活水平提升的跨越式发展，促进和实现秦巴山脉的农业与生态环境的和谐、绿色、循环发展。

（一）区域农业向生态、绿色化农业转变任务艰巨

近年来，有机农业生产方式在100多个国家得到了推广，有机农业的面积和种植者数目逐年增加。全世界进行有机农业管理的土地面积已超过2 200万公

顷。有机产品市场不但在欧洲和北美（全球最大的有机市场）拓展，在其他一些国家和地区包括发展中国家和地区也持续扩大，其中西欧国家和美国大约1%的农民在从事有机农业的生产，有机食品国内消费总额达到2%以上。目前，全球有机食品市场正在以每年20%~30%的速度增长，2014年产值过千亿美元。而中国有机食品销售仅占食品销售总额的0.02%，发展潜力很大。

秦巴山脉农业总体上处于现代农业发展的初级阶段，传统农业的生产印迹逐渐淡化，现代农业的特征逐渐显现。农业发展一方面要继承传统农业的精华；另一方面要吸收现代农业的精髓，促进农业产业向生态、绿色和有机化方向发展。秦巴山脉农业要充分利用山区优质生态环境资源优势，实现从农业生产过程、农业产品、农产品加工到储藏运输等全部环节的生态、绿色与有机化，完全从数量型农业向质量型农业转变，通过提升单位农产品产值实现农业产业经济的升级与跨越式发展，实现农业生产方式的整体升级，为生态环境改善创造有利条件。

（二）区域土地经营方式向规模化经营转变艰难

随着社会经济的不断发展，秦巴山脉传统的家庭联产承包责任制弊端日益凸显，土地流转成为实现该地区农业规模化经营的基本任务，也成为提高农业比较效益和保障农产品质量安全的重要保障，同时也是农业产业化发展的基本条件。目前，秦巴山脉人均耕地不到1亩，土地流转在秦巴山脉仅有个别试点，距农业规模化要求还有很远的距离。随着社会条件的变化，小规模经营越来越显示出其局限性，无论是先进技术应用、金融服务提供，还是农产品质量提高、生产效益增加、市场竞争力提升，都遇到很大困难。农业要发展，必须突破经营规模小的限制，劳动生产率和经济效益才能大幅度提高。实践证明，适度规模经营不仅是农民群众的自觉选择，也是农业现代化的必由之路。当然，秦巴山脉发展农业适度规模经营，要坚持因地制宜的原则，一切从实际出发，并允许开展多种形式的探索试验。

（三）缺乏新农村整体规划，不利于人居环境改善

2015年中央一号文件提出"加快提升农村基础设施水平，推进城乡基本公共服务均等化"，提出"2015年解决无电人口用电问题"，"全面推进农村人居环境整治"，"提升农村社会文明程度"，"让农村成为农民安居乐业的美丽家园"。习近平指出："各地开展新农村建设，应坚持因地制宜、分类指导、规划先行、完善机制、突出重点、统筹协调，通过长期艰苦努力，全面改善农村生产生活条件。"①李克强指出："改善农村人居环境承载了亿万农民的新期待。各地

---

① 习近平的"三农梦"：让农业成为有奔头的产业. http://politics.people.cn/n1/2015/1227/c1001-27982140.html，2015-12-27.

区、有关部门要从实际出发，统筹规划，因地制宜，量力而行，坚持农民主体地位，尊重农民意愿，突出农村特色，弘扬传统文化，有序推进农村人居环境综合整治，加快美丽乡村建设。"①

秦巴山脉的城乡差距，除了体现在收入水平上，也反映在基础设施建设和基本公共服务方面，这主要体现在城乡居民的居住条件、公共设施、环境卫生等方面。随着经济的快速发展、农村生产生活方式的改变，垃圾围村、污水横流等问题成为部分乡村的困扰。这种乡村面貌，与美丽乡村的要求很不相符。随着经济社会发展和人民生活水平的提高，广大农民群众对生产生活环境的要求也随之提高。面对物质生活不断丰富与居住环境较差、精神生活相对匮乏之间形成强烈反差的现实状况，下大力气改善农村人居环境，建设美丽乡村显得尤为重要和紧迫。

长期以来，我国农村发展缺乏规划，大部分农村功能区不全，基本上处于散杂状态，有些村庄甚至是"脏乱差"。"中国要美，农村必须美"，农村环境一旦破坏，再恢复会很难；农村的美一旦消逝，社会经济发展将会遇到前所未有的困难，美丽中国也将难以实现。秦巴山脉也不例外，受山区地形地势的影响，农户庭院被物理隔离，农村缺乏统一的规划。秦巴山脉新农村规划的重点之一是农村生活垃圾与生活废水处理单元，一方面便于集中收集，另一方面利于综合处理，这也是作为水源区的农村污染管理的重点内容之一。秦巴山脉的新农村建设应包括：一是加大农村基础设施建设力度。继续加大对水、电、路等农村基础设施建设的投入。二是全面推进农村人居环境整治。完善县域村镇体系规划和村庄规划，强化规划的科学性和约束力。改善农民居住条件，搞好农村公共服务设施配套，推进山水林田路综合治理。三是提升农村公共服务水平。改善农村办学条件，提高农村师资队伍建设水平。全面开展城乡居民大病保险，加强农村基层基本医疗、公共卫生能力和乡村医生队伍建设。拓展重大文化惠民项目服务"三农"（农业、农村、农民）内容。支持建设多种农村养老服务和文化体育设施。整合利用现有设施场地和资源，构建农村基层综合公共服务平台。四是加强农村思想道德建设。针对农村特点，围绕培育和践行社会主义核心价值观，提高农民综合素质，提升农村社会文明程度，凝聚起建设社会主义新农村的强大精神力量。

（四）区域教育培训资源不足，不利于农村劳动力素质提高

秦巴山脉农村经济基础薄弱，农村教育事业发展缓慢，大部分农民处于较低文化水平层次，农村劳动力的总体素质不高。从业人员文化程度较低以及高层次文化程度人员比例低，影响相关行业的技术进步和生产效率，严重制约了农业

---

① 习近平就改善农村人居环境作出重要指示 李克强就推进这项工作作出批示. http://www.xinhuanet. com/politics/2013-10-09/c_117642870.htm，2013-10-09.

经济结构调整、产业升级及城镇化进程。近年农业教育滑坡相对严重，涉及农村主题宣传教育的各种媒体资料、传播渠道、终端软硬件设施基本上很少，导致农村发展成为区域全面转型发展的瓶颈。秦巴山脉的此种情况尤为严重，已成为优质水源区可持续发展的限制因素。重视农业与农村劳动力素质教育，一方面，政府要加大投入力度，引入外部教育资源，强化各种教育软件与硬件建设；另一方面，鼓励农村人口走出去，通过强化互动机制，有效提升农业劳动者素质，为秦巴山脉农村现代转型奠定基础。

三、农业资源碎片化影响农业规模经营与布局

秦巴山脉自然地理多样性很强，地形地势变化加剧了农业气候资源的经纬度差异，使农业区域性与差异性更加明显。农业土地资源零散性特征十分明显，每块农田的面积较小，在现代农业规模化组织中存在诸多困难。加上人多地少因素的限制，农业机械化发展受到制约，农业基本上不具备数量优势，与周边区域相比，农业竞争力明显不足。

同时，秦巴山脉农业资源多样性很强，区域性特色农林产品丰富，如重庆与湖北秦巴片区的脐橙、甘肃陇南的油橄榄与花椒、陕西汉中的水稻、湖北与河南的食用菌等在秦巴山脉及周边区域的特色十分明显。因此，该区域应充分利用农业气候资源禀赋，引导和凸显特色农业，加强供给侧结构调整，引导生态、绿色与有机农业产业及特色农产品的跨越式发展，实现"弯道超车"发展模式。另外，充分借助优良而多样化的生态环境资源，发展生态、绿色和有机农产品，突破农业资源的数量瓶颈约束，坚持走高端农业产业发展模式，率先实施秦巴山脉农业供给侧改革，结合农产品深加工产业，向周边区域输出高品质的粮油、肉奶蛋、蔬菜、瓜果、茶叶、食用菌与中药材等农产品。

四、知名特色农产品品牌少、深加工不足

（一）特色农产品丰富，但知名品牌较少

秦巴山脉是我国特色农产品富集区域之一，种植业、中药材、食用菌与林业品种类繁多，品质优良，具有极佳的市场价值。但由于特色农产品缺乏长远规划，区域间无序竞争现象较为普遍，不利于整体区域产业的良性发展；有些地区政府引导与管理不到位，缺乏品牌意识，加上市场上鱼龙混杂，产品得不到消费者的长期认可与信赖；一些特色农产品小品牌产业规模不大，市场知名度不是很高，很难担负起引领秦巴山脉特色农产品发展的重任。以中药材为例，区内中药材有1 500种以上，国内占有重要地位的有药用植物当归、天麻、杜仲、黄连、

党参、厚朴等50余种，但产值仅60余亿元，不足农业总产值的3%。

秦巴山脉特色农产品的市场潜力很大，目前的市场开发容量较低，从长远考虑，把秦巴山脉作为整体，注册具有地理标识的大品牌如"秦巴山脉"，作为秦巴山脉农产品共用的品牌，提升秦巴山脉农产品参与市场的竞争力，并逐渐做成知名品牌，稳定市场占有率与认可度，成为消费者信赖的"金牌"品牌，并促进秦巴山脉农业产业的全面升级。

（二）农产品精深加工较为薄弱，制约农业效益的提升

秦巴山脉的农产品加工水平较低，农业产品的特色品质远远没有发挥出来，尤其是特色中药材与特色林果产品的特殊价值有待进一步挖掘。秦巴山脉的陕西与湖北两省的黄姜产业发展普遍受阻就是最典型的案例。目前存在的共性问题有四个：一是技术储备不够，有些技术需要引进，有些技术需要开发研究。二是资金匮乏，秦巴山脉各省市的经济基础处于全国平均水平以下，城镇化率仅达到30.4%，远远低于全国50%的水平，地区贫困人口302万人，贫困发生率约9.9%。三是缺乏农产品精深加工方面的人才与技术，缺乏外源人才的引进与合作机制，同时先进高效的加工技术尚显不足，如皂素的提取基本上还是采取化学浸提方法，生物技术尚未应用在该流域，导致加工过程中的污染问题突出，不仅不能取得好的效益，而且污染了当地水体，严重制约了加工企业和区内黄姜产业的发展。四是加工企业"小杂散"问题较为普遍，加工工艺和加工设备落后问题较为突出，农副产品加工机械产品品种规格少，系列化和成套性差，设备能耗高、效率低，造成农产品加工品位较低和效益较差的局面。例如，湖北房县的30家企业年销售收入过千万元的有6家，农产品加工率只有40%~50%，二次深加工仅占20%。

五、农产品特色产品销售渠道与平台薄弱

（一）区内农产品交易平台薄弱，不利于农产品交易

秦巴山脉是一个独特的自然地理单元，交通不便，农产品营销市场建设总体上非常薄弱。例如，在秦巴山脉特色中药材集散市场建设方面，目前主要依托周边的重庆、西安、成都、兰州、禹州等重要的中药材集散市场，区内大型中药材市场十分缺乏，主要分布在各县镇，小而散，就连安康和陇南等中药材主产地，也缺乏中药材集散市场，这成为秦巴腹地道地药材走向国内市场与国际市场的重要制约因素。

（二）山区农产品电商销售平台整体仍较弱小

电子商务的发展彻底颠覆了传统购物与销售模式，借助于电子商务交易平台，农产品的物理空间也被彻底颠覆，消费者在任何时候都可以购买到想要的农产品，可以说已经形成了"无死角"电子营销商场。秦巴山脉的电子商务发展相对较快，农产品电子商务模式的成功有力地促进了山区农产品进入城市消费群体，如陇南地区的农产品电商成功经验已经影响到全国，克服了山高路远的瓶颈，把陇南优质农产品油橄榄、花椒、核桃等销售到全国各地。越是山区，农产品电商的优势越是明显。当前秦巴山脉电子商务整体上还处于起步阶段，外部营销资金进入很少，需要在政府的积极支持与引领下，走出一条符合秦巴山脉特色的农产品销售之路。

（三）乡村旅游产业对山区农产品销售的带动作用不够

秦巴山脉的自然风景优美，饮食文化丰富多样，汇聚了众多的历史人文景点，可以说"处处有美景，时时看风景"。秦巴山脉的美丽乡村已成为对外宣传的名片，对周边区域民众有很大的吸引力，有些区域的农村已成为周边城市老百姓周末自驾游的好去处。但是，在开展乡村旅游的同时，如何带动山区特色农产品销售，仍然是一个没有理清，更没有展现出效益的问题。通过旅游带动农产品销售已成为韩国、泰国、日本等国家农村产业整合发展的重要途径，成为农村居民增收的重要途径。秦巴山脉应该吸收韩国、泰国、日本三国的经验与做法，发展适合区域实际情况的营销模式，创造具有山区特色的模式，通过进一步提升服务，增加品位高、内容新颖、游客参与性强的游玩项目，吸引更多的人在前往乡村旅游的同时，将山区的特色农产品带回家。

第四章　秦巴山脉绿色循环发展的指导思想、战略目标、阶段目标、战略思路与战略模式

一、指导思想

秦巴山脉农林畜药绿色循环发展的指导思想：本着创新、协调、绿色、开放、共享的新发展理念，遵循党中央"四个全面"关于全面建成小康社会和大力推进生态文明建设的战略布局，从秦巴山脉农林畜药的特点与绿色循环发展的实际需求出发，遵循与采取生态环境保护优先、产业绿色引领同步发展、科技创新驱动等基本原则与策略，积极探索适合秦巴山脉农业提质增效与绿色循环发展的道路，分步推进农林畜药产业的绿色循环发展，为长久保障南水北调工程的水质安全、促进区域经济社会的健康发展和创建中国中央生态高地与世界名山做出应有的贡献。

二、战略目标

全面贯彻绿色循环发展的理念，通过科教创新驱动、产业绿色引领和公众广泛参与，有序推进秦巴山脉农业生产与农村生活方式的转变，构建起秦巴山脉农林畜药绿色循环发展体系，尽早实现生态保护、农业增效、农民增收与绿色脱贫的近期目标。创建秦巴山脉环境优美、生态安全、产业高效和乡村繁荣的农业生态文明新局面，实现区域农业绿色循环、提质增效与生态环境安全"双赢"的局面，建立我国秦巴山脉生态高地与生态名山，确保南水北调工程的水体质量。凸显并持续发挥秦巴山脉对周边地区和全国的生态服务功能，为打造秦巴山脉国家主体生态功能区和世界名山提供坚实支撑。该战略目标如图4-1所示。

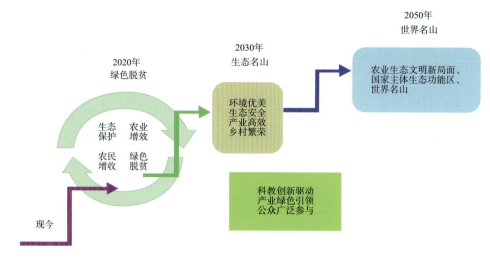

图4-1 秦巴山脉农业绿色循环发展战略目标示意图

三、阶段目标

（一）第一阶段：2016~2020年

通过全面贯彻绿色循环发展理念，强化水源区生态环境红线管理，有序推进秦巴山脉农业生产与农村生活方式的转变，总体构建起秦巴山脉农林畜药绿色循环发展体系，找到秦巴山脉农业绿色循环发展的道路与模式，实现生态保护、农业增效、农民增收和绿色脱贫，达到小康水平的基本目标。

（二）第二阶段：2021~2030年

通过科教创新驱动与产业绿色引领发展，显著提高农民素质和创业水平，稳步提高公众的生态环境参与度，科学提升山地森林质量和农业的生态化水平，推进山区特色生态农林业发展，构建起区域环境优美、生态安全、产业高效、乡村繁荣的新局面，创建独特的中华秦巴山脉生态高地和生态名山，保障一江清水安全北送，并持续发挥秦巴山脉对周边地区和全国的生态服务功能。

（三）第三阶段：2031~2050年

通过创新发展与公众的自觉参与，不断提升并保持秦巴山脉农业生态文明水平，稳定持续地发挥农林畜药业在区域绿色循环产业发展与生态环境安全"双赢"中的基础支撑作用，为保障秦巴山脉国家生态主体功能区和世界名山的永续辉煌做出贡献。

四、战略思路

以创建秦巴山脉新时期的农业生态文明和形成秦巴山脉环境优美、生态安全、产业高效、乡村繁荣的生态名山和世界名山为目标，以转变农业生产与农村生活方式为核心，围绕水源地生态环境红线管理、平原城郊和河川地高效绿色循环农业、低山丘陵区林下特色经济、山地特色农产品加工与营销等四个方面，通过整体规划、生态补偿、引智招商、打造品牌、创新营销和示范带动，逐步实现农林业提质增效与产业绿色引领发展，走出一条富有秦巴山脉特色的农林畜药产业提质增效与绿色循环发展道路，创建秦巴现代农业生态文明新格局，支撑秦巴山脉逐步发展成为生态名山和世界名山。

该战略思路的要点可以概括为"一个中心，两种动力，四个基本点"。"一个中心"即转变农业生产与农村生活方式；"两种动力"源于科教持续驱动与产业绿色引领发展，具体分解为整体规划、生态补偿、引智招商、打造品牌、创新营销和示范带动；"四个基本点"分别是以绿水青山为导向的水源地生态环境红线管理、平原城郊和河川地高效绿色循环农业、低山丘陵区林下特色经济、山地特色农产品加工与营销。该战略思路如图4-2所示。

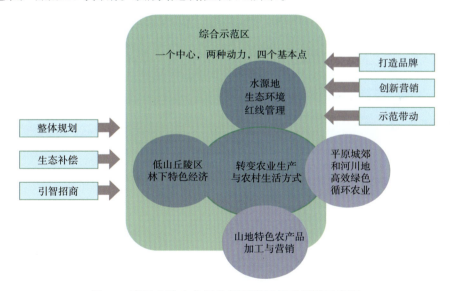

图4-2 秦巴山脉农业绿色循环发展战略思路示意图

五、战略模式

贯彻生态优先、科教驱动、绿色引领、因地制宜的发展理念，从秦巴山脉绿色循环发展的实际需求和各区的实际情况出发，有序推进生态环境的科学管控与公众参与，构建具有秦巴山脉立体化特征的生态环境保护与质量提升体系和农林畜药绿色循环发展体系，创建秦巴山脉新时期环境优美、产业高效和乡村繁荣的新局面，形成秦巴农业生态文明新格局，支撑秦巴山脉逐步发展成为生态名山和世界名山。

　　该总体发展模式的目标是构建秦巴农业生态文明新格局，支撑秦巴山脉逐步发展成为生态名山和世界名山。其驱动力可形象地比喻为"两个轮子"，即科教持续驱动与产业绿色引领。模式的核心内容包括生态环境保护与质量提升和农林畜药绿色循环发展"两大体系"。生态环境保护与质量提升体系包括高山地区公益林生态环境防护、中低山地区退耕还林、河道管控和平原城郊区废弃物处理与循环这四个方面；农林畜药绿色循环发展体系包括平原城郊和河川地高效绿色循环农业、低山丘陵区林下特色经济、特色农产品加工与营销这三个方面。该战略模式如图4-3所示。

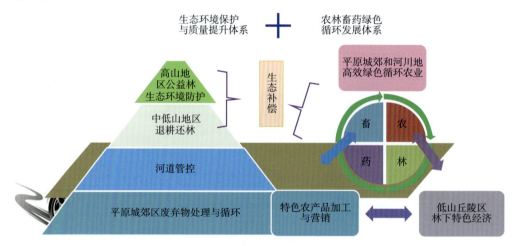

图4-3　秦巴山脉绿色循环农业总体发展模式示意图

第五章 秦巴山脉绿色循环发展的战略重点

　　为实现前述发展目标与模式，围绕生态环境保护与绿色产业体系构建两大方面，本章把山地生态环境红线管理与环境质量提升、科教引领、特色农产品品牌打造、基于农牧良性循环的生态农业发展、林下特色经济发展和山地特色农产品加工与营销这六大内容作为秦巴山脉绿色循环农业发展的战略重点。

一、山地生态环境红线管理与环境质量提升

　　山地生态环境红线管理与环境质量提升的核心目标是实现以青山绿水为基础的水源地生态环境安全。如图5-1所示，重点包括以下内容。

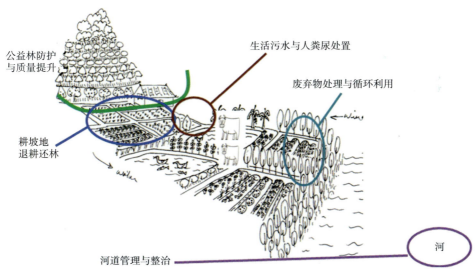

图5-1　山地生态环境红线管理与环境质量提升战略示意图

（一）公益林防护与质量提升

　　秦巴山脉林地面积2 088.56万公顷，森林覆盖率为43.31%。其中，公益林面

积1 085.12万公顷，约占秦巴山脉总林地面积的51.96%。国家、集体和个人公益林面积的比例为3.64∶3.08∶1.00。

严守林地生态红线是构建秦巴山脉生态安全战略格局的基本底线，是该地区实现永续发展的基本保障线，也是建设秦巴农业生态文明的基本前提。建立秦巴山脉以国家公益林为主导和引领的机制，通过立法、严格执法和制度化监测，强化采伐与建设红线管理，责权明确，确保林地效能的提升与发挥。

公益林质量提升不仅是进行生态环境质量提升的重要内容，也是秦巴山脉森林改造的必要任务。建议结合秦巴山脉森林分布特征和生长状况，根据国家林业和草原局的统一部署进行分阶段分区域的改造，实行严格的责任制和明确的奖罚制，稳步提升该区域的森林质量，为提高其碳汇能力和生态服务功能打好基础。

（二）坡耕地退耕还林

目前，秦巴山脉不同区域或多或少存在25°以上坡耕地继续种植的现象，这是造成水源地水土流失问题的重要原因。特别是在陕西的商洛、安康，湖北的十堰，以及重庆地区，陡坡耕种还较为普遍。对25°以上仍在耕种的土地，要坚决地实施退耕，并通过红线管控，严禁复垦；结合农业结构调整等，解决好退耕后农民的就业与吃饭问题；对原来作为基本农田的25°以上的坡耕地，明确认定后，建议从基本农田中减去，并报批相关部门进行审批备案。通过5年左右的努力，将25°以上的坡耕地全部实现退耕还林，水土流失和荒漠化严重地区，甚至要将15°以上坡耕地进行退耕还林，同时解决好农民转业和就业问题。

（三）河道管理与整治

重点针对目前河道采石采砂和淘金等行为，实行县、镇、村三级管理制度，分段落实到村镇。对完成任务的县、镇、村实行环境奖励与补贴；对破坏河道的当事人，采取重罚和追究刑事责任相结合的办法进行处置；根据总体规划，对河道进行生态改造与综合利用，改造中和利用后要确保水环境安全，能有效提升水环境质量。

（四）废弃物处理与循环利用

重点针对规模养殖废弃物与农区秸秆处理问题突出的四川达州和广元，河南三门峡、洛阳、平顶山，湖北襄阳，以及陕西汉中等地区，进行种养平衡规划设计，建设有机肥工程、沼气工程、秸秆处置工程等，通过5年左右的努力，将规模养殖废弃物处理利用率由目前的50%左右提高到90%以上，秸秆利用率由目前的70%左右提高到90%以上，解决好废弃物污染环境问题。

（五）生活污水与人粪尿处置

2015年秦巴山脉常年居住人口6 400多万人，居住处常常沿水而建，生活废水与废弃物常常借助于河道向下游输送，对水源地和库区水环境质量造成严重影响。因此，"厨房革命""厕所革命"是秦巴山脉生态好转与农村绿色循环发展的大事，是对传统观念、传统生活方式进行的一场深刻革命，也是推进秦巴山脉农村生态文明建设的必然选择。建议结合国家新农村建设工作，进行整体规划，稳步推进该项工作，通过5~10年的努力，将生活污水和人粪尿处理与利用水平由目前的30%左右提高到80%以上。

二、科教引领

科教引领是秦巴山脉发展的重要保障，也是绿色循环发展的基石。其战略内涵如图5-2所示，主要包括以下重点工作。

图5-2　科教引领战略示意

（一）中小学生环境基础教育

针对秦巴山脉的生态环境特色，在国家中小学标准教材的基础上，围绕秦巴山脉自然地理、生态环境重要性、环境维护常识等编制专门小册子，在5年内，将这一调整贯彻到秦巴山脉中小学生教育中。

（二）农民素质教育与职业培训

围绕绿色循环发展技术和环境法律法规等，开展多种形式的农民素质教育，既强化他们的理念与意识，又传授他们绿色循环技术，要让他们明白生态环境的重要性及其与自己的关系，明白维护生态环境的责任与法规常识；建立农民职业培训基地和队伍，开展绿色循环技术的集中培训，并结合试验示范区进行实践锻炼和观摩教学。这一工作要长期开展下去。

（三）引智

秦巴山脉当地上大学的年轻人也多留在城里，少有人返回乡村，特别不利于秦巴山脉的发展。欲在短期内较快地推进相关领域的发展，引智不失为一种好办法。结合国家对口扶贫和科技援建工作，采取灵活多样的形式，根据发展需要，优先引入科技人才、管理人才和教育人才；采取"走出去"的办法，依托科技优势单位和部门，进行秦巴山脉人才集中培训与参与式培养，解决人才短缺与能力不足的问题。

（四）绿色循环科技示范

建立秦巴山脉绿色循环农业综合试验示范区。选择主体生态功能区内的2~3个典型乡镇，围绕中小学环境教育、农民培训、水源地生态环境管理与建设、平原城郊与河川地高效绿色循环农业模式、中低山特色林下经济模式、现代农产品加工与营销模式等，开展生态环境与绿色产业高效发展"双赢"模式的综合试验和示范。在做好试验示范工作的同时，组织示范区内外的干部群众不断参观学习，为推进秦巴山脉农业绿色循环发展起到科技引领作用。

三、特色农产品品牌打造

秦巴山脉处于我国南北气候分界带上，气候与自然地理多样性强，环境优美，水土资源独特，农产品丰富多样，结合本书建议的"秦巴地理标识"及其影响力，批量打造农产品品牌，发挥本区特色农产品的巨大潜力。

建议品牌打造围绕秦巴特色粮油肉品牌群、秦巴道地中药材品牌群、秦巴特色林果茶山珍品牌群和秦巴富硒产品品牌群进行。

（一）秦巴特色粮油肉品牌群

1. 特色籼米

以陕西汉中盆地为代表的秦巴山脉优质籼米，与长江及淮河以南的籼稻生产区的籼米相比，有较大生产优势，同时面对西北市场，有一定的销售优势。

2. 特色马铃薯

以四川、重庆和甘肃定西为代表的优质马铃薯，在良种繁育、标准化栽培、种植示范园区建设、种薯全程质量监控体系建设、机械化生产技术、储藏技术、加工技术、专门人才培育、专业合作社和龙头企业培育等方面日趋成熟。2015年四川马铃薯种植面积已达100万公顷，产量高达2 000万吨以上，产业总值500亿元以上，已经形成了系列化品种。秦巴山脉马铃薯的重要特点是冬季种植，不与三大主粮和油菜抢水争地，是国内快餐首选种植基地，在全国具有较强的竞争优势。另外，号称"马铃薯之乡"的甘肃定西是全国马铃薯三大主产区之一和全国最大的脱毒种薯繁育基地、全国重要的商品薯生产基地和薯制品加工基地，在西北地区具有较大影响力。

3. 优质油菜

秦巴山脉是我国优质冬油菜生产亚区，也是传统的油菜种植区域，以甘蓝型油菜面积最大。由于生长期主要在晚春初夏，基本不需要防治病虫害，受益于秦巴山脉种类繁多的膜翅目和鞘翅目昆虫，油菜授粉彻底，结实率高，籽粒饱满，丰产性好，菜油品质好。更为重要的是，每年春季，盛开的油菜花与镶嵌其间的麦田及青山绿水相互掩映，吸引无数游客观赏，成为乡村旅游的有力抓手。其中，陕西汉中地区是典型的代表，结合采茶、制茶、赛歌、招商、地方名优商品展销、文艺演出、书画展等活动，有力地拉动了乡村旅游发展。

4. 优质烟草

秦巴山脉是我国主要烟叶生产区与适生区，分属黄淮海烟区（河南）与长江上中游烟区（陕西、湖北、四川、重庆和甘肃），具有悠久的种植历史，烟草类型丰富。其中，河南与陕西烟草种植面积最大，产业优势较明显，在全国也占有较大份额，且大部分都位于秦巴山脉区域，是农村主要经济作物之一。

5. 特色猪肉

秦巴山脉是我国重要的优质猪肉产区，也是优质生猪品种资源较多的区域。秦巴山脉的生猪存栏量是五省一市生猪存栏量的21.78%，猪肉产量是五省一市猪肉总产量的20.46%。例如，陕西汉中生猪生产历史悠久，汉白猪是国家地理标志保护品种，主要特点是肉脂兼用，肌间脂肪含量高，皮薄肉嫩口感好，是开发特色品牌猪肉的最佳母本源。汉中是西北最大的生猪生产基地，生猪年饲养量达685万头，出栏405万头，猪肉年产量28万吨。

6. 优质辣椒

秦巴山脉是我国辣椒主要产区，全国七大辣椒生产省，秦巴山脉就占了3个，分别是河南、四川和陕西。秦巴山脉的辣椒种植面积仅次于大白菜的种植面积，面积接近7万公顷。秦巴山脉既是辣椒种植大区，也是辣椒消费大区，辣椒是典型的大宗特色农产品。辣椒产业在农产品加工中占有重要地位，年产值大约为20亿元，主要加工产品是辣椒豆瓣酱。

7. 黑米

洋县黑米产于陕西省汉中市洋县。洋县北靠秦岭、南临巴山，是世界珍禽朱鹮的栖息地。洋县黑米古称"粳谷奴"，外皮墨黑，内芯雪白，有"黑珍珠"及"世界米中之王"的美称。洋县黑米具有较高的营养和滋补价值，含蛋白质9.56%~11.8%，比普通大米高37%；含脂肪2.37%~2.8%，比国内大米质量标准高2.9倍，比普通大米高1.3%~2.5%；还富含16种氨基酸，平均高于普通大米15.8%；铁、钙、锌、钼、硒等多种矿物质的含量，亦大大高出普通大米。因此，洋县黑米还有"世界稻米之王"的美称，其具有滋阴补肾、健脾暖肝、明目活血以及提高人体抵抗力的功能。

8. 特色小杂粮

小杂粮的主要特点是生育期短，栽培季节相对灵活，对地形地势与土壤质地的要求不高，种植面积可大可小，田间管理可粗可细。因此，小杂粮尤其适合在秦巴山脉种植。小杂粮具有平衡膳食、补充微量元素的保健功能，潜在消费需求很大，相对经济效益较高。秦巴山脉的小杂粮主要包括大麦、燕麦、豌豆、胡豆、绿豆、红豆、黑豆、扁豆、大豆、巴山豆、高粱、粟谷、糜子、薏米、籽粒苋等。

（二）秦巴道地中药材品牌群

木本药材是中医药方中不可缺少的成分，也是我国传统的出口产品。例如，杜仲是国家二类保护植物和国家四大控制药材之一。随着国际社会对我国传统中药的认同和接受，中药材产业的发展将赢得更好的发展空间，产品市场需求将成倍增长。近期应重点发展杜仲、厚朴、枸杞、金银花、沙棘这5种特色木本药材经济林。

主攻方向：加强新品种的选育，示范推广园艺化、集约化、规范化种植；推行GAP认证制度；提高木本药材产后加工处理和储藏水平；规范市场管理，建立可追溯的信息管理平台，确保木本药材的"道地"化。

在区域布局上，杜仲在湖北、陕西、河南、四川等省可积极发展；金银花重点在河南积极发展。

（三）秦巴特色林果茶山珍品牌群

1.优势经济林

（1）核桃。

核桃是秦巴山脉典型的木本粮油树种，核桃树适应性强，分布广，目前其栽培面积达380万公顷，占木本粮油树种栽培面积的29.0%。秦巴山脉的核桃果皮薄仁厚，质量高。

主攻方向：加大对现有低产劣质实生核桃资源林的改劣换优力度，筛选推广壳薄、质感好、含油率高的主栽品种，特别是选用抗旱、抗寒、避晚霜品种以及油用和鲜食核桃品种；推行核桃园土、肥、水的标准化栽培管理技术，加大嫁接繁殖和大树改接换优的比例；提高机械方式采收效率和采后处理核桃仁水平，强化核桃坚果晾晒、烘干、分级等商品化处理技术和储存技术，扩大综合加工，开发高新技术产品，提高产品的附加值，培育壮大龙头企业。

（2）板栗。

板栗是秦巴山脉传统的木本粮油树种，号称铁杆庄稼。目前栽培面积187万公顷，占木本粮油树种栽培面积的14.2%。产量低、优质品种少、价格不稳是影响本区板栗生产的主要问题。

主攻方向：选育早熟品种、高光效、高品质及加工专用新品种，推广良种化、优化区域布局；示范推广高光效树体控制技术、提高雌花比例技术、叶分析指导施肥技术、低产栗树改造技术、环境友好型病虫草综合管理技术等；推进板栗产品综合深加工，重点解决板栗的储藏保鲜与加工难题，提高深加工产品附加值。

（3）油茶。

油茶是秦巴山脉重要的木本粮油树种，目前栽培面积达310万公顷，占木本粮油树种栽培面积的23.7%。主产区集中分布在重庆、河南、四川和陕西等地。

主攻方向：按照国务院批复的《全国油茶产业发展规划（2009~2020年）》，实施分区建设，优先发展核心区；加快良种苗木繁育基地建设，加大改造现有低产林力度，加快示范工程建设，以点带面，稳妥推进；积极开展油茶产业发展相关课题研究，重点加强良种选育、低产林改造、丰产栽培技术、油茶提取及深加工技术等研究；扶持龙头企业，打造油茶市场知名品牌，推进产业化进程；加大科技推广和技术培训工作力度，提高主产区农民科技素质和专业技能。

2.特色经济林

（1）木本油料类。

秦巴山脉分布有多种木本油料类经济林。最具特色与优势的包括油橄榄、长柄扁桃、油用牡丹、油桐和山桐子等。

主攻方向：一是品种良种化。油橄榄、油用牡丹在引种筛选的基础上，通过杂交等方式尽快培育本土品种；长柄扁桃目前还是资源状态，需要筛选和培育新品种；油桐和山桐子需重点选育高出油率品种，扩大人工种植规模。二是提高产量，实现规模化、标准化种植。三是解决低温压榨提高出油率问题，实现饼渣的综合利用。

在区域布局上，油橄榄主要在四川、甘肃两省开展重点基地建设；油用牡丹重点在河南发展；油桐重点在湖北、四川两省发展；山桐子主要分布在秦岭以南地区，重点在陕西和四川发展。

（2）木本粮食类。

秦巴山脉分布有一些木本粮食树种资源，一些产品还具有特殊营养和医疗保健作用而成为高端新型食品，市场前景好，具有巨大的发展空间。近期重点围绕湖北、四川等地区，发展银杏特色木本粮食经济林。

主攻方向：目标定向育种，培育高产、优质、有效成分含量高的新品种；建立优良苗木繁育体系，实现良种、壮苗；推进生产基地建设，建立并采用不同树种特殊要求的标准化生产技术；提高果品采后商品化处理和储藏水平；开展深加工和有效成分提取利用，研发新产品。

（3）特色杂果类。

特色杂果市场竞争优势显著，国内外需求增量大，有着较大的发展空间。近年来发展迅速，栽培面积、生产量和人均消费量都呈不断增加的趋势，部分产品供不应求。但同时也存在着品种退化、品质下降、上市过于集中和产业化程度低等问题。近期重点发展杏、山楂、脆梨、拐枣、石榴、猕猴桃、樱桃、杨梅、蓝莓等特色杂果经济林。

主攻方向：一是加强品种改良。传统的杏、山楂和石榴选育适于加工和鲜食的专用品种；猕猴桃、樱桃、杨梅和蓝莓重点选育耐储藏新品种。二是提高栽培管理技术水平，实行集约化、标准化种植和管理，提高产量和品质。三是适度发展樱桃、杨梅和蓝莓等适于城郊观光采摘品种的果园建设。四是建立特色浆果的低温物流体系，实现生产销售一体化。五是开发深加工产品，延长产业链。

区域布局：猕猴桃在秦巴山脉分布范围较广，重点在陕西、河南、四川等省积极发展；樱桃的分布范围也较广，重点在河南积极发展；杏主要在河南积极发展；石榴重点在陕西积极发展。

（4）木本调料类。

重点发展花椒和八角这两种特色木本调料类经济林。

主攻方向：一是栽培品种良种化、良种区域化，积极选育特征有效成分含量高的新品种；二是实现生产过程的无公害化、规范化和标准化，提高产量和品质；三是强化品牌意识，加强专业市场建设；四是大力扶持深度加工业，提高商品附加值。

区域布局：花椒广泛分布在秦巴山脉，在四川、甘肃、陕西、河南四省均可积极发展。

3. 茶叶

茶叶是秦巴山脉的一种重要经济作物，分布面积广，文化底蕴深厚。茶叶生产是秦巴山脉经济发展的传统产业之一，其独特的自然环境和无污染、全天然、纯绿色、富含锌硒等特点，使秦巴茶叶跻身于全国名茶行列。目前，全区茶叶种植面积达200万亩左右，年产茶叶10万吨以上，西乡、紫阳、平利等县都是中国知名的"茶乡"。秦巴山脉有紫阳翠峰、翠芽、午子仙毫、巴山雀舌、五峰采花毛尖、竹溪龙峰、武当道茶、宁强雀舌、定军茗眉、三里垭毛尖等数十种名茶。"紫阳翠峰"创出0.5千克1.5万元拍卖成交价的纪录。2015年11月，来自秦岭深处的紫阳富硒茶叶的香气飘进人民大会堂，成为第十届中国中小企业家年会上的指定用茶。陕西的商南、镇安、紫阳、宁强、西乡、平利及汉台、南郑两区，重庆的奉节、云阳、巫山、巫溪、城口推进规模化标准化茶园建设和老茶园改造，湖北也在打造库区生态、有机茶叶基地。

目前，区内已经拥有很多较为成熟的茶产业生产与营销模式，出现了许多龙头企业带动、农民协会自我发展、政府引导型生态茶园模式，及一些电商营销模式，秦巴茶叶开始走上国际市场。

4. 特色山珍

秦巴山脉是我国食用菌三大主产区之一，区内山清水秀，气候条件得天独厚，山上与林下野生食用菌资源有100种以上，近年来食用菌人工栽培面积不断扩大，成为区域经济的重要组成部分。从采摘和栽培面积来看，黑木耳、银耳、蘑菇、香菇、平菇、金针菇、猴头菇、草菇等仍是当家种类，十余年来，灵芝、短裙竹荪、松口蘑（松茸）、杏鲍菇、秀珍菇、天麻、猪苓、茯苓等珍稀种类栽培面积也开始扩大，使更加丰富的秦巴山珍产品逐渐走向世界。

制约秦巴食用菌产业发展的因素是交通与营销条件。应结合腹地和周边大型市场建设以及电商方式的推行予以解决。

（四）秦巴富硒产品品牌群

以陕西紫阳为中心的秦巴山脉是我国知名的富硒地区之一，紫阳县也是我国知名的生态富硒经济强县。紫阳县是全国著名的富硒生物资源研究开发基地，全县各地土壤含硒平均为0.49ppm①，高富硒区双安乡土壤含硒平均为16.515ppm，紫阳县境内生长的动植物是有机硒的天然载体，开发富硒食品和饮品具有良好的资源基础。

紫阳县内生物资源独特，尤其是茶叶、柑橘、蚕桑、党参、杜仲、厚朴、天麻、绞股蓝、山野菜等。富硒茶是紫阳县县域经济的拳头产品，年产2 000吨左右，"紫阳富硒茶"品牌经营战略成效显现，为拉动地区茶农致富，带动加工业、运输业的发展起到了支撑作用。紫阳县素有"蚕桑之乡"的美誉，全县约有7万亩蚕桑基地，基本形成了"种养加"一条龙产业体系，对地区农民致富和区域经济发展发挥着巨大作用。该县还是负有盛名的"橘乡"，以金钱橘最为名贵。

四川通江县、南江县、平昌县也是富硒区域，其茶叶种植面积接近50万亩，茶品也具有富硒产品的特点。

四、基于农牧良性循环的生态农业发展

重点围绕秦巴山脉的平原、城郊等集约农区，如四川达州与广元，河南三门峡、洛阳、平顶山，湖北襄阳和陕西汉中等地区，进行种养平衡、有机农业项目与产品以及区域协同等规划设计，建设有机肥工程、沼气工程、秸秆处置工程、有机农业园区工程等重点项目，注重发挥龙头企业和农民组织的主导作用及地方政府的引导作用，积极营建农牧结合的良性循环生产体系，稳步推进有机农业生产，提升区域农产品质量水平和农业效益。具体战略如图5-3所示。

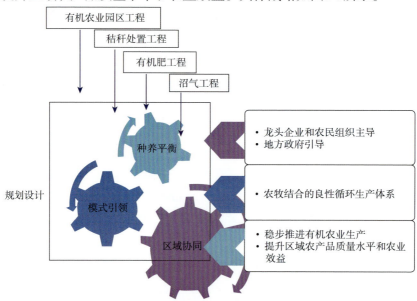

图5-3　基于农牧良性循环的生态农业发展战略示意图

---

① ppm指的是百万分比浓度。

这一战略的实施应与试验示范区的示范引领相结合。

五、林下特色经济发展

依托秦巴山脉丰富的林业资源，通过科学规划，发展绞股蓝、花椒、核桃、板栗、生漆、杜仲、红豆杉、油橄榄等特色经济林，合理布局林下特色中药材、食用菌、特色菜、珍禽等，选择适合区域发展和生态环境保护的林下经济模式，实现养林、用林、护林的有机结合，促进林农不断走上富裕道路，促进区域绿色循环经济的拓展和林业的可持续发展（图5-4）。

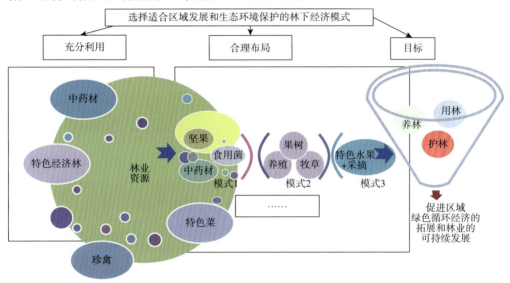

图5-4　林下特色经济发展战略示意图

六、山地特色农产品加工与营销

山地特色农产品加工与营销是秦巴山脉产业拓展和农民致富的希望和重要保障。其一，要整体提升区域农林产品的GMP认证，为稳步发展加工增值奠定基础。其二，大宗粮油肉等产品的加工总体上应基本稳定目前的加工能力，根据需要进行适度集中与调整。其三，应特别重视特色经济林产品精深加工能力的培育，如绞股蓝、生漆、杜仲、红豆杉、油橄榄等。其四，应特别重视中药材集群精深加工能力培育，特别关注加工过程中的废水废渣污染问题。例如，黄姜皂素提取工艺的改进迫在眉睫，传统的酸水解法产生的高浓度黄姜酸性废水带来严重的水体酸污染，严重影响了黄姜的持续加工，应寻求新的环境友好型替代工艺，如开展生物发酵法技术的攻关。其五，强化秦巴山脉特色中药材集散市场建设，在依托重庆、西安、成都、兰州、禹州等重要的中药材集散市场的同时，建议在安康和陇南等中药材主产地建立秦巴腹地中药材集散市场，成为秦巴腹地道地药材走向国内市场与国际市场的重要枢纽。其六，在连接大城市的重要节点建设10个左右的秦巴特色农产品集散与交易市场。其七，依托互联网与电商优势，并结合产品认证与追溯等体系的建立与完善，开展特色农林产品的营销，闯出一条山区特色产品营销的新路子来（图5-5）。

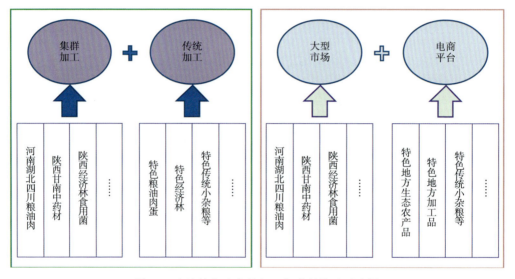

图5-5　山地特色农产品加工与营销战略示意图

第六章 农林畜药各业发展重点内容

按照秦巴山脉农林畜药绿色循环发展总体战略目标与思路的要求，根据农林畜药各业的实际情况，提出种植业、林业、养殖业和中药材四大产业发展重点。同时，以汉江流域为例，分析主要流域农业绿色循环发展战略。

一、种植业

（一）基本分析

秦巴山脉人均耕地少，特别是条件较好的高产田比例低，25°以上的坡耕地还占有约1/4的比例。产出水平低，更重要的是对区域生态环境造成了巨大影响。因此，解决好今后农业的高效问题与环境问题是本地区种植业发展中必须处理好的大事。因此，秦巴山脉种植业发展的重点任务有两个：一是要解决好25°乃至15°以上的坡耕地退耕还林问题，以保障区域生态环境的长久安全；二是发展平原城郊区现代高效农业和山地特色生态农业，以解决群众的生计与区域持续发展问题。

（二）重点任务

1.陡坡地退耕

重点解决好25°乃至15°以上的坡耕地退耕还林问题，以保障区域生态环境的长久安全。陡坡地退耕工作不能孤立开展，要与基本农田红线管理调整、移民、就业等工作协同进行，要科学规划、多部门协同、稳步推进。

2.平原河川节水高效种植

陡坡地退耕后，区域总耕地面积会大幅度下降，必须向平原地区、河川地要补偿。其关键在于保留耕地土地生产效能提升，效能提升的关键在于发展设施农业和高效节水农业。除了平原地区的稻田外，秦巴地区的种植业基本实行旱作，实际上是一种雨养农业，效益较低。应结合国家土地整理、河道整治等项目，有计划地发展高效节水农业。其前提条件有二：一是要与河道整治规划相衔接，不能在河道及河道沿岸乱垦；二是要积极引进节水灌溉技术，尽可能不采用漫灌形式，确保灌溉后农田面源污染不会发生，确保河流水体安全。设施农业以发展蔬菜、园艺作物、食用菌等为主，在灌溉上要求采用精准灌溉方式，在保障提高效益的同时，决不能对周边水体造成影响。

3. 山地生态农业

秦巴山脉生态资源丰富，绿色环境独特，农业生产地域性与多样性强，具有发展山地生态农业的独特优势。根据秦巴山脉农业发展现状，山地生态农业的发展要做到：一是关注山地生态农业的模式化发展，如生态茶园模式、林下养鸡模式、猪沼果模式等；二是围绕平原和城郊集约化农区，积极发展生态循环农业，通过宣传创造条件，积极使用有机肥，发展有机种植与生态养殖，提升产品品质与效益。

二、林业

（一）基本分析

林业是秦巴山脉生态环境的基础和基本保障。因此，广袤林地保护是必须持续做好的一件长久大事。当务之急是要结合种植业规划做好25°以上坡耕地的退耕还林工作。同时，在做好生态环境保护工作的前提下，注重发展特色经济林和林下经济，为区域林农生存与发展提供支撑。

（二）重点任务

1. 陡坡地退耕

陡坡地退耕工作要与基本农田红线管理调整、移民、就业等工作协同进行，要科学规划、多部门协同、稳步推进。

2. 林地红线保护

秦巴山脉森林覆盖率达43.31%，林地是秦巴山脉生态环境安全的最基本保障。严守林地生态红线是构建秦巴山脉生态安全战略格局的基本底线，也是该地区实现永续发展的基本保障线。通过划定林地生态红线，督促地方政府树立保护生态的责任意识，科学决策、依法行政，同时引导人口、经济合理布局，使区域发展与资源环境承载能力相适应。

根据目前秦巴山脉林地管理的实际情况，应在以下几个方面予以强化：一是要运用法律手段严守秦巴山脉林业生态红线，健全林业生态红线保护法律体系，明确林业生态红线的法律地位；二是要采取有力手段，严厉打击乱砍滥伐、乱采滥挖、乱捕滥猎行为，以及乱占林地等破坏林业生态红线的违法犯罪行为，要强化林业监督执法队伍建设，推进林业行政综合执法，提升执法能力，从源头上遏止破坏林业生态红线的行为；三是要完善干部考核评价制度，实行最严格的责任追究制度，依法追究党政干部在林地保护中的违法行政和失职渎职行为。

3. 特色经济林

参照特色品牌打造重点战略中的内容，重点发展核桃、板栗等优势经济林和山区特色经济林。

4. 林下经济

参照特色品牌打造重点战略中的内容，在中低山和丘陵地区重点发展林下中药材、食用菌、珍禽养殖等。

三、养殖业

（一）基本分析

养殖业的发展是关系到山区人民基本生活改善的大事。目前，在四川广元、达州，及河南南阳、湖北襄阳、陕西汉中等地，规模养殖已经具备较高水平，并且还在进一步发展中。这其中有两大问题需要关注：一是是否基于自给，即以内部市场消费为主，这是区内养殖业稳步发展和风险防控的基础保障；二是如何改善养殖过程中的环境污染问题，如何把养殖废水、固体废弃物加以利用和循环。因此，区内规模养殖业的发展布局首先要依托于自给需求，选准产品，勿要好大喜空；其次要积极发展有机肥产业，并结合发展生态循环农业，将养殖废弃物予以彻底转化循环，真正实现种养平衡与健康养殖。

（二）重点任务

1. 集约化养殖

选择猪、蛋鸡、奶牛为主要规模养殖种类，解决人口集中居住区的肉蛋奶供应需求。在具有草山草坡的地区，可规模化饲养特色山羊等，在具有水体条件的地区，可适度发展水禽养殖，以丰富区内居民的动物产品种类。不论何种养殖及何种规模，都要进行市场分析，以定位在区内需求为主的基础之上和废弃物的区内合理处置能力范围之内。

2. 有机肥生产

目前，区内有机肥生产的规模与水平还较低，企业小而散，产品整体上还谈不上什么影响力与知名度。每个集约化养殖县（区、市）域应整合扶持1~2家有机肥生产企业，根据当地土壤与作物的情况进行专用有机肥的生产，并运用补偿政策与鼓励措施，结合区域农业秸秆等废弃物的处理，根据生态农业的发展需求，统筹解决好规模养殖带来的一系列环境问题。

3. 林下特色动物养殖

秦巴山脉山地丘陵与林地资源十分丰富，为林下养殖提供了特殊的环境条件。林地养殖构建起的林牧生态系统为增加林地生物多样性、发展农村经济、促进农民增收开辟了新路径。目前，秦巴山脉的重庆、四川和陕西等地，均有一定林下养殖，并且出现了很多林下养殖企业与农民大户。林下养鸡是目前林下畜禽养殖中最常见的一种，也是林下经济的重点。重庆城口山地鸡、巫溪大宁河鸡，四川巴山土鸡，陕西略阳乌鸡、汉江鸡等的林下养殖都是较为成功的林下生态健康养殖模式。

实践调研发现，林下养鸡目前主要存在两大基本问题：一是养殖生产的规范化和标准化问题，林下养殖随机性较大，管理较为困难；二是动物对幼小树木和低矮植物及其土壤的破坏问题，经常可以看到地面凹凸不平和林间寸草不生的现象。因此，林下养鸡必须制定相应的生态环境保障规范，控制养殖密度与放养年限。

4. 特色水产

秦巴山脉具有较好的水资源，拥有大量的特色鱼类，如秦岭细鳞鲑等土著鱼类。应综合采用自然放养、人工繁育及增殖放流、稻田养鱼等方式，积极推进特色养殖与生态养殖，除了极少数地区外，不建议开展规模化高密度集约养殖，以最大限度地减少对水体的影响。

四、中药材

（一）基本分析

秦巴山脉地处我国东部向西部和南部向北部的过渡地带，为南北气候的自然分界线，境内山峦起伏，地貌复杂，从山下到山上具有北亚热带、暖温带、温带、高山苔藓和雪山冰冻等气候类型，具有得天独厚的自然地理和气候条件，加上雨量充沛、无霜期长，有利于动植物的生长繁衍，自然资源极其丰富。

秦巴山脉药用植物在2 500种以上，药用动物约250种，药用矿物约20种，素有"秦巴药材甲天下""中华药材宝库"之称。这里的中药材种类多，产量大，多为名优特种类，出产的麝香、杜仲、天麻、五倍子、黄姜子、山茱萸、金银花、党参、当归、黄芪、黄连、细辛、猪苓、蛹虫草、枳壳、鳖甲、蛇等都是比较名贵或紧缺的道地药材，在国内外市场享有盛誉。党参、黄姜子、山茱萸、天麻、杜仲、辛夷、山楂、厚朴等的产量占全国总产量的40%~60%。该区是全国最大的杜仲、党参、天麻、山茱萸、五味子、红豆杉、薯蓣等基地，它们对振兴山区经济和脱贫致富起着重要的作用。

然而，多年来该地区中药材质量标准与生产技术规范缺乏、加工能力弱小、市场零散，对中药材产业的发展造成直接影响。因此，如何强化科技支撑，加强对野生资源的保护，集中打造品牌，规范种植与加工技术，提升精深加工能力，以及强化市场营销等，对于该地区中药材产业的发展具有重要意义。

（二）重点任务

1. 强化野生种质保育，实现中药材资源可持续利用

秦巴山脉中药材资源利用遇到的一个突出问题是野生中药材资源破坏较为严重，野生药材资源日趋减少，有的品种濒于绝灭，如熊、太白贝母、太白米、手掌参、参叶、铁棒锤、贯叶连翘、野黄连等。应尽快构建秦巴山脉主要中药材品种种质资源改良、筛选与繁育基地，对大宗和濒危紧缺药材的优良种质进行保护与再生，以确保秦巴山脉珍贵中药材"天然基因库"得以保存与延续。

2. 打造秦巴山脉中药材品牌

秦巴山脉的中药材生产及其品牌打造工作应得到进一步重视。建议重点围绕杜仲、黄连、枳壳、黄檗、金银花、山茱萸、丹参、柴胡、薯蓣、桔梗、板蓝根、黄芪、贝母、党参、当归、黄姜子、麝香、天麻、五倍子、红豆杉、金银花等特色道地药材进行品牌打造。该工作可结合中药材种植圃与繁育基地的建设和种植技术规范的落实等工作同时展开。

3. 种植与加工GMP

尽快在陕南、甘南、鄂西北、川北等优势分布地区构建秦巴山脉主要中药材品种种质资源改良、筛选与繁育基地，进行品种提纯、复壮，保持特色中药材

的优良品质特性，解决道地药材过量采掘而繁育不足的问题，为今后秦巴山脉中药材的标准化生产提供保障。开展项目研究，形成秦巴山脉分类分级的主要中药材优化布局及道地药材的优质、高效GAP标准化种植、采收与加工技术体系，建立各类生态药业基地，解决中药材种植分散和药材生产"小而全"等一系列问题。

4.精深加工

秦巴山脉中药材精深加工能力弱是制约中草药产业发展的重大瓶颈。目前，虽有50余家中药材加工企业，但普遍存在集中度不高、规模太小、重复建设严重等问题。例如，陕西省仅薯蓣皂素厂就建了数十家，而至今没有一家中药加工方面的上市企业。这种状况与秦巴山脉在中医药方面的资源优势地位很不相称。因此，要进行企业大联合、项目大集中，提升秦巴山脉中药行业高科技、高附加值、高效益的持续开发，把资源优势转化为高科技含量、高附加值的产品优势。

五、主要流域农业绿色循环发展战略——以汉江流域为例

汉江流域面积达15.1万平方千米，流域涉及湖北、陕西、河南、四川、重庆、甘肃6省市的20个地区、78个县（市）。流域北部以秦岭、外方山及伏牛山与黄河分界；东北以伏牛山及桐柏山与淮河流域为界；西南以大巴山及荆山与嘉陵江、沮漳河为界；东南为江汉平原，无明显的天然分水界线。流域地势西北高，东南低。地质构造大致以淅川—丹江口—南漳为界，以西为褶皱隆起中低山区；东以平原丘陵为主。汉江流域属亚热带季风区，气候温和湿润，年降水量873毫米，水量较丰沛；但年内分配不均，5~10月径流量占全年径流量的75%左右，年际变化较大，是长江各大支流中变化最大的河流。汉江主要支流有褒河、丹江、唐河、白河、堵河等。汉江河道曲折，自古有"曲莫如汉"之说。干流丹江口以上为上游，长约925千米，两岸高山耸立，峡谷多，水流急，水量大，水能资源丰富；丹江口至钟祥为中游，长约270千米，流经低山丘岗，接纳南河和唐白河后，水量和含沙量大增，多沙洲、石滩，河道不稳定；钟祥以下为下游，长约382千米，迂回在江汉平原，河床坡降小，水流缓慢，曲流发育，河汊纵横，且越近河口，河道越窄，呈倒置喇叭形，泄洪能力差，容易溃口成灾。汉江支流丹江为南水北调中线水源地，汉江干流也为南水北调备用水源。

本部分涉及的汉江流域仅指陕西汉中、安康与商洛，以及湖北十堰及丹江口水库以上的行政区域，该流域地处秦巴山脉腹地，是秦巴山脉的农业主产区及农业精华地带，素有"小江南"及"鱼米之乡"等称谓，对秦巴山脉农业有重要影响。

（一）汉江流域农业发展面临的主要问题

1. 土地规模经营水平低

汉江流域农村人均耕地面积不到1亩，户均经营规模不足3~4亩，小农经营模式十分普遍，促进土地流转是该区域发展农业产业的根本途径。由于土地流转的体制机制尚未建立，土地流转率不到耕地的10%（如汉中市土地流转率仅为4.5%），距实现农业产业化、区域化、规模化、专业化还有相当长的距离。另外，农民合作社受制于文化、素质及资金的限制，组织化程度较低，小生产与大市场的矛盾非常突出。

2. 农业企业基础弱

受制于农业生产现状，农业企业的加工、生产及市场等方面较弱，缺乏人才、技术及设备等方面的竞争力。农业企业主要集中于粮油、畜牧、茶叶初加工领域，低水平重复建设多，企业间抢原料、争市场现象严重，尤其是柑橘、蔬菜、生猪等产业无精深加工企业带动，只能简单分级、包装，出售初级产品。另外，企业自身实力弱，辐射带动能力不强，与农户还没有真正形成紧密的利益联结关系。

3. 农业基础设施建设滞后

汉江流域以山地为主，平坝地面积不足10%，90%以上是山地与丘陵，大部分地区的山地面积占总耕地面积的3/4，决定了农业基础设施建设工程难度大、费用高，加上地方财政状况所限，政府无钱可投。另外，村级集体经济基本没有资金积累，农民更是无法负担基础设施资金投入。因此，农业基础建设和产业发展资金一直处于缺口较大状态。调研表明，有将近2/3的茶园、果园、菜园基地水电路不配套。由于农业基础设施落后，农民抵御旱涝、风暴等重大自然灾害能力较差，农产品产量与质量提升受到严重制约。与此同时，基层农业技术服务体系不健全、农业科技人员缺乏甚至断层、农业劳动力不足、现代农业生产模式难以推广与农产品安全检测体系不健全等"软基础"问题也亟待解决。

（二）汉江流域农业发展机遇

1. 国家扶持农业发展的政策越来越好

党和国家大力倡导城乡发展统筹方略，惠农政策力度越来越大，许多地方的"反哺农业"力度也日益加强。抓住国家大好的农业政策机遇，全面促进汉江流域农业产业的升级换代。

2. 物流环境大力改善的有利环境

汉江流域物流环境有了显著改善，以陆路交通为主的高铁、高速公路几乎四通八达，国家南北、东西交通主干线均穿境而过，如京昆高速、福银高速、包茂高速与银百高速，以及西康铁路与西汉铁路等，另外，汉中、安康、襄樊机场等以及流域水路也为物流创造了有利条件。一方面有利于提升区位优势；另一方面有利于优化资金流动与信息流动。与此同时，物流环境的改善带动了旅游发展，为汉江流域的旅游农业、休闲农业等创造了有利条件。

3. 汉江流域农业具有鲜明的特色

汉江流域处于秦岭与巴山谷地，是我国南北气候过渡带与分界线，农业多样性明显。谷地是我国优质籼米生产区，丘陵与山地有茶叶、蔬菜、水果与经济林等。另外，生猪、食用菌、蚕桑、油菜、魔芋、黑米、核桃、药材、花卉苗木也颇具特色，有些已经形成一定的品牌优势，对周边市场产生了较大的影响力，如汉中仙毫、武当山食用菌、商洛核桃等。与此同时，由于环境保护力度逐年加大，生态环境有了显著改善，野生朱鹮数量增多，再加上该地区已成为南水北调的水源涵养区，为发展有机农业创造了有利条件。

（三）汉江流域农林畜药绿色循环发展战略布局

1. 汉江沿岸有机粮油生产基地

以籼稻、薯类与油菜为主，发展优质与有机产品。推行稻油复种模式、地膜土豆栽培技术、配方施肥、农作物病虫害综合防控技术与高产技术等。汉江盆地突出优质籼稻与双低油菜，通过双低油菜带动流域旅游农业发展，地膜土豆可在全流域推广种植，可向靠近川道的低山梯田扩展。

2. 优质生猪养殖产业基地

汉江流域生猪品质优良，以汉中优势最为显著。以家庭养殖为主，根据地域环境条件采用适度规模养殖方式；规模化生猪养殖首推标准化养殖，且严格推行零排放或零污染养殖，养殖废弃物通过充分发酵腐熟做有机肥还田利用。构建良种繁育、良法养殖、健康养殖与规范疫病防控体系，确保猪肉质量安全及优质化水平。在沿江两岸以小型规模化养殖为主，在丘陵及高山区以家庭养殖为主；前者以优质猪肉为主，后者以有机猪油为主。

3.优质茶叶与功能茶叶产业基地

汉江流域是秦巴山脉主要的茶叶产区，其中以汉中和安康为主，十堰的茶产业近年来发展也较快。茶产业以高产密植生态茶园与有机茶园为重点方向，加快改造中低产茶园，采用高标准引进良种和建立良种茶繁育基地。建设高标准清洁茶叶加工企业，发展茶食品、保健茶、药用茶、饮料茶、功能茶等系列产品，在非富硒区发展绿茶著名品牌；在安康与汉中的富硒区大力发展富硒茶系列产品，打造汉江流域的知名品牌，拉动茶叶产业快速发展。

4.特色农产品产业基地

按照绿色、有机产品模式发展汉江流域特色农产品产业具有较大的市场潜力，主要包括汉中优质柑橘产业基地，商洛优质核桃产业基地，十堰优质食用菌、柑橘、枇杷产业基地，安康高标准魔芋产业基地，流域优质烟叶基地，彩色米产业基地，等等。在发展标准化示范基地的基础上，进一步开发深加工产业，提升市场竞争力，实现较高的经济收益。

5.优质蔬菜产业基地

根据汉江流域的垂直地带性分布特征，主要发展沿江两岸蔬菜区和高山蔬菜两大生产区。汉江盆地设施蔬菜产业基地，以大棚蔬菜为主，设施温室为辅，发展市场效益较高的蔬菜类型，尤其以早春和冬季生产季为主。高山蔬菜两大生产区以露地夏季蔬菜为主，主要市场档期是夏季。丘陵区应根据周边市场及地域环境，采用灵活多变的种植模式，可以向设施与高山方向双向调整，灵活应对市场需求。在市场定位上，既可选择向香港、澳门等东南沿海发达区域输送，也可向西安、武汉、成都、重庆及郑州等周边大城市输送。

6.优质中药材产业基地

优质中药材产业基地包括示范及推广种植基地、野生中药材品质资源保护基地、中药材良种选育基地、中药材加工基地、中成药制造基地及中药材交易平台这六部分。各流域段应根据各自的中药材产业特点，在发展中药材产业的同时，突出具有保健功能、特色功能的有机中药材及加工品等高端产品开发。另外，建立汉江流域中药材集散市场，以汉中、安康、商洛与十堰为依托点，建立面向全国的物流网络体系，通过中药材产业带动第三产业发展，进一步促进汉江流域产业结构的升级换代。

7. 高产高效的林业产业体系

汉江流域具有完备的林业产业体系，长期以来由于人们对林业产业体系的重视不够，秦巴山脉的林业产业一直处于低产低效状态，一方面不利于林业生态的可持续发展；另一方面不利于水源区水质安全的保障。高产高效林业产业体系包括四部分：①优质木材基地建设，通过合理的砍伐、林地有序更新及迹地恢复促进木材产量与质量的进一步提升；②重点发展核桃、板栗等优势经济林和山区特色经济林，作为林业经济的重要补充；③发展林下经济，在中低山和丘陵地区重点发展林下中药材、食用菌和珍禽养殖等；④发展林业旅游，通过合理构建自然景区，发展旅游产业带动和反哺林业产业的升级转型。林业旅游应该是当下林业产业的重点内容之一，抓住旅游这一朝阳产业，带动林业产业经济的进一步壮大发展。

8. 休闲农业与旅游农业产业基地

基于多样化的农业景观与自然风景，以汉江流域及附近大中型城市如汉中、安康、商洛、十堰、襄阳、宝鸡、西安、武汉、郑州等为依托，发展休闲农业与旅游农业在汉江流域具有得天独厚的优势条件。汉江流域具有丰富多样的农业旅游资源，如高山林区、低山茶园果园与丘陵盆地的油菜，结合特色民居、饮食与历史文化古迹等，旅游农业与休闲农业的市场潜力很大。特色休闲农业与旅游农业内容包括水产养殖、蚕桑、特色鲜果、茶园、核桃园、食用菌园地、蔬菜园地、苗木花卉、樱桃、中华朱鹮、林区野趣、凤堰古梯田等。

9. 流域农村及乡镇生活生产垃圾与污水处理工程

汉江流域是南水北调工程的核心水源带，对保障库区水质安全有着举足轻重的作用。同时江汉流域又是秦巴山脉农业精华地带，自古就是人口密集区，沿江城市与乡镇均为区域经济政治文化生活重心，发展规模相对较大。汉江流域农村及部分乡镇的生产生活垃圾基本上采用沟渠倾倒方式处理，水质安全隐患始终存在。通过构建流域垃圾处理体系，可确保一江清水，具体包括农村垃圾收集系统、乡镇垃圾收集分类处理系统、农村生活废水及人畜粪便户用沼气装置与乡镇生产生活污水处理系统。沿江或附近乡镇联结周边农村，是社会、经济、生活乃至政治的枢纽，人口流动相对频繁，对流域污染控制至关重要。通过先进模式的示范带动作用，向全流域乡镇推广。

（四）农林畜药绿色循环发展促进机制

1. 加快土地流转，促进农业产业规模化发展

土地流转是农业产业化发展的根本出路，有利于解决长期困扰的"三农"问题，保护流域水质，实现肥药控制与科学管理，促进农产品标准化、规范化与安全化，全面推动汉江流域农业产业的升级换代。创造有利于土地流转的鼓励政策，加快农业规模化进程。

2. 促进农业供给侧改革，优化农业产业结构

促进农产品供给由注重数量向总量平衡、结构优化和质量安全并重转变；促进农业向环境友好转变，提高资源利用效率，减少农业面源污染，发展循环农业；改善农业生产基础设施条件；促进农村劳动力素质提升，培养有文化、懂技术、善经营、会管理的新型农业劳动者。

3. 打造名牌农产品品牌，提升市场竞争力

一是建立完善的农业标准化生产体系；二是重点发展有机农产品；三是强化农产品质量监督体系；四是突出特色功能如富硒农产品，强化地理标志；五是建立完善的农产品市场营销平台。

第七章　主要结论

一、秦巴山脉农业的基本认知

（一）秦巴山脉农村人口多，收入低，仍然是我国和区内脱贫致富的基本群体

2014年，秦巴山脉总人口6 494.29万人，农村人口4 766.27万人，约占区域总人口的73.39%；年输出农村劳动力总量达到1 405.01万人，占秦巴山脉农村劳动力的48.89%。GDP总量占全国GDP总量的20.4%，农业产值占GDP的11.1%（全国平均水平为9.2%）；农村居民可支配收入7 084元，与全国水平10 489元（2014年数据）相比，有一定差距。

（二）秦巴山脉粮食肉类等农产品自给有余，农业在区域可持续发展中起着重要的基础支撑作用，但环境代价较大

秦巴山脉人均耕地仅0.91亩，低于全国平均水平，但人均粮食468.29千克，高于全国平均水平（人均443.46千克）。究其原因，一是该区复种指数高达213.79%；二是化肥农药投入高，平均化肥施用量为每公顷748.1千克，约为全国平均水平（每公顷485.7千克）的1.5倍，秦巴山脉氮肥用量每公顷292.8千克，也约为全国平均水平（每公顷196.7千克）的1.5倍，秦巴山脉农药施用量是全国平均水平的4倍左右。

（三）秦巴山脉林业是区域生态环境的基本维护者，在区域及全国生态环境中发挥着举足轻重的作用

秦巴山脉林地面积达2 090.99万公顷，森林覆盖率达43.31%。秦巴山脉的森林碳汇总量约为6.80GtC，占全国森林总碳汇量的7.04%，氧气产生量10 630.49万吨/年，占全国总量的8.66%。

（四）秦巴山脉自然地理条件的多样性强，农林畜药特色产品丰富，但规范化、规模化生产与加工营销能力弱，农林畜药业绿色循环发展的潜力大

　　秦巴山脉特色农业产业，对推动秦巴农业经济与农民增收具有重要的意义。秦巴山脉具有丰富的食用菌与中草药资源，一方面具有食用菌栽培与中草药生长的良好条件；另一方面拥有独特的风味与有机品质，消费需求量较大。另外，秦巴山脉是国内重要传统医药产品的原料与加工产地，其中药材生产在全国举足轻重，其中不乏一些国内知名制药企业。秦巴山脉还有油橄榄、花椒、板栗、核桃、柑橘、茶叶、烟草等经济作物，为发展特色农业提供了重要条件，有些已经在局部地区形成了特色农业产业雏形，具有很好的市场前景。

二、秦巴山脉农业发展的主要成就

　　数十年来秦巴山脉农业的发展取得了巨大成绩，主要体现在：①整体保障了生态环境的安全，为区域水土资源安全与我国生态环境安全做出了巨大贡献；②基本解决了农产品自给问题，为当地社会经济稳步发展起到了重要的基础支撑作用；③农民收入水平和区域脱贫能力不断提高，为秦巴地区脱贫任务的早日完成奠定了基础；④特色农林畜药产品不断开发与完善，为解决和丰富国内外发展需求做出了巨大贡献；⑤形成了大批环境友好型农业发展模式，为绿色循环发展提供了良好的基础。

三、秦巴山脉绿色循环农业发展中的问题与需求

　　秦巴山脉绿色循环农业发展中的问题与需求体现在五个方面：①基本生存及发展与生态环境之间的矛盾突出，耕地资源短缺而质量不高，水资源开发制约因素多，必须探索环境友好型的资源高效利用发展道路，走产业发展与生态环境双赢的道路；②传统生产与生活观念及方式转变的难度大，必须持续不断地在提高广大干部群众生态环境素质方面做工作，为实现区域生产与生活方式生态转型打好基础；③差异化和碎片化影响农业的整体布局与规模化生产，必须发展因地制宜与多样化的特色模式；④特色产品多，但品牌少、深加工少、效益差，必须在特色品牌打造和农产品精深加工方面积极探索；⑤特色产品销售渠道与平台仍然薄弱，必须在特色产品的营销市场与新型平台建设方面加大力度。

四、绿色循环农业发展的指导思想、战略目标、战略思路与总体发展模式

　　秦巴山脉农林畜药绿色循环发展的指导思想：本着创新、协调、绿色、开

放、共享的新发展理念，遵循党中央"四个全面"关于全面建成小康社会和大力推进生态文明建设的战略布局，从秦巴山脉农林畜药的特点与绿色循环发展的实际需求出发，遵循生态环境保护优先、产业绿色引领同步发展、科技创新驱动等基本原则与策略，积极探索适合秦巴山脉农业提质增效与绿色循环发展的道路，分步推进农林畜药产业的绿色循环发展，为长久保障南水北调工程的水质安全、促进区域经济社会的健康发展和创建中国中央生态高地与世界名山做出应有的贡献。

秦巴山脉绿色循环农业发展的战略目标：全面贯彻绿色循环发展的理念，通过科教创新驱动、产业绿色引领和公众广泛参与，有序推进秦巴山脉农业生产与农村生活方式的转变，构建起秦巴山脉农林畜药绿色循环发展体系，尽早实现生态保护、产业增效、农民增收与绿色脱贫的近期目标。创建秦巴山脉环境优美、生态安全、产业高效和乡村繁荣的农业生态文明新局面，实现区域农业绿色循环、提质增效与生态环境安全"双赢"的局面，建立我国秦巴山脉生态高地与生态名山，确保南水北调工程的水体质量。凸显并持续发挥秦巴山脉对周边地区和全国的生态服务功能，为打造秦巴山脉国家主体生态功能区和世界名山提供坚实支撑。

秦巴山脉绿色循环农业发展的战略思路：以创建秦巴山脉新时期的农业生态文明和形成秦巴山脉环境优美、生态安全、产业高效、乡村繁荣的生态名山和世界名山为目标，以转变农业生产与农村生活方式为核心，围绕水源地生态环境红线管理、平原城郊和河川地高效绿色循环农业、低山丘陵区林下特色经济、山地特色农产品加工与营销等四个方面，通过整体规划、生态补偿、引智招商、打造品牌、创新营销和示范带动，逐步实现农林业提质增效与产业绿色引领发展，走出一条富有秦巴山脉特色的农林畜药产业提质增效与绿色循环发展道路，创建秦巴现代农业生态文明新格局，支撑秦巴山脉逐步发展成为生态名山和世界名山。

秦巴山脉绿色循环农业总体发展模式：贯彻生态优先、科教驱动、绿色引领、因地制宜的发展理念，从秦巴山脉绿色循环发展的实际需求和各区的实际情况出发，有序推进生态环境的科学管控与公众参与，构建具有秦巴山脉立体化特征的生态环境保护与质量提升体系和农林畜药绿色循环发展体系，创建秦巴山脉新时期环境优美、产业高效和乡村繁荣的新局面，形成秦巴农业生态文明新格局，支撑秦巴山脉逐步发展成为生态名山和世界名山。

五、绿色循环农业发展的战略重点

围绕秦巴山脉生态环境保护与绿色产业体系构建两大方面，本书提出的秦巴山脉绿色循环农业发展的战略重点包括山地生态环境红线管理与环境质量提升、科教引领、特色农产品品牌打造、基于农牧良性循环的生态农业发展、林下特色经济发展和山地特色农产品加工与营销这六大方面。

六、农林畜药各业发展的重点任务

种植业发展的重点任务：一是要解决好25°乃至15°以上的坡耕地退耕还林问题，以保障区域生态环境的长久安全；二是发展平原城郊区现代高效农业和山地特色生态农业，以解决群众的生计与区域持续发展问题。

林业发展的重点任务：一是继续运用法律手段健全林业生态红线保护法律体系，并采取有力手段，强化林业行政综合执法，从源头上遏止破坏林业生态红线的行为；二是结合种植业规划做好25°以上坡耕地的退耕还林工作；三是注重发展特色经济林和林下经济，为解决林农生存与发展提供支持。

养殖业发展的重点任务：一是要依托自给需求，选准产品，勿盲目冒进；二是积极发展有机肥产业，并结合发展生态循环农业，对养殖废弃物予以彻底转化循环，真正实现健康养殖。

中药材产业发展的重点任务：通过强化科技支撑，加强对野生资源的保护，集中打造品牌，规范种植与加工技术，提升精深加工能力，强化市场营销。

第八章　主要建议

一、水源区启动"秦巴山脉绿色循环农业综合试验示范区"项目

为了尽早构建起秦巴山脉农林畜药绿色循环发展体系，实现近期生态保护、农业增效、农民增收与绿色脱贫的基本目标，创建秦巴山脉环境优美、生态安全、产业高效和乡村繁荣的农业生态文明新局面，实现区域农业绿色循环产业永续发展与生态环境安全"双赢"的目标，必须依托科技持续创新驱动，启动"秦巴山脉绿色循环农业综合试验示范区"项目必然具有迫切的现实需求与长远的战略意义。

建议在丹江口水库上游核心水源地的汉中、安康、商洛各选一个典型乡镇，开展绿色循环农业试验示范区建设。示范的内容包括四大部分，共包括30余项示范工程，即六大生态环境提升示范工程、四大绿色循环产业基础条件培育与建设工程、15~20项绿色产业科技示范工程、三大科教引领与驱动能力提升工程等。

（一）山地生态环境管理与环境质量提升

主要内容包括25°坡耕地退耕还林、公益林生态红线管控、河道管控与整治、规模养殖废弃物肥料化、秸秆肥料化还田、生活污水和人粪尿处理与利用这6个方面，启动六大生态环境提升示范工程，分别为25°坡耕地退耕还林工程、公益林生态红线管控工程、河道管控与整治工程、规模养殖废弃物肥料化工程、秸秆肥料化还田工程、生活污水和人粪尿处理与利用工程。

（二）农业绿色循环产业基础条件建设

主要内容包括特色农产品品牌打造、特色植物种植圃与良种繁育基地、特色中药材与山货集散及交易市场建设、特色农林畜药产品互联网营销条件建设这4个方面，启动四大绿色循环产业基础条件培育与建设工程。

（三）农业绿色循环产业体系建设与提升

示范工程主要内容包括集约化农区农牧循环与有机农业发展、优势大宗粮油

肉奶产品GMP生产、特色经济林（核桃、板栗等）培育与GMP生产、特色食用菌培育与GMP生产、特色中药材培育与GMP生产、特色茶品整合与提升、特色蚕茧培育与提升、特色果品（柑橘、脆梨、猕猴桃等）GMP生产、低山丘陵区林下珍禽GMP养殖、优势农产品环境友好型集群精深加工能力培育等方面，开展15~20项绿色产业科技示范工程。

（四）科教引领与驱动能力提升

主要内容包括中小学生生态教育、农民素质教育与职业培训、急需人才与技术的引进这3个方面，启动并开展三大科教引领与驱动能力提升工程。

二、实施退耕还林、河道整治、土地流转登记一体化项目

秦巴山脉生态环境问题是一个不可分割的整体，需要各个部门和地区通力协作与建设。针对目前制约区域生态环境质量突出的问题，本书提出在全区启动退耕还林、河道整治、土地流转登记一体化项目，可以在核心水源区优先启动。退耕还林和河道整治是目前一些水源地水环境质量的两个最直接因素，必须全力解决。土地流转登记是在土地管理方面的新举措，一方面是对原有土地的高效高质利用；另一方面是对新变更土地的落实。

退耕还林严格按照25°坡耕地红线执行，不得以任何借口加以保留。在水土流失严重的地区，可以把该红线进一步降低到15°左右。河道整治工作要把工程治水、清淤、防污与造地结合起来，并且按照规划统一进行。对新造土地要提出高效化、生态化利用规划。

土地流转登记要遵照农民或企业自愿的原则，按照生态需要退耕后的土地应变更土地利用类型，原来是基本农田的应在耕地资源中加以削减，并上报土地部门加以审批。河道或庄基整治中新增的土地，一般应纳入基本农田，作为占卜平衡的一部分。

关于土地流转问题的详细陈述，参见附件1。

三、打造"秦巴山脉"地理标志商标

"秦巴山脉"地理标志是证明某一农林矿物产品、某种景观、某类文化、某种饮食等来源于秦巴山脉的特定标识。相对独立的地理单元造就了秦巴山脉独一无二的生态环境品质。秦巴山脉是我国南北方的分水岭与气候过渡带，也是中华文明的重要溯源地，是名副其实的"父亲山"。其不但拥有多样化的农林产品、道地药材、特色山珍、珍稀矿物，以及独特而丰富的生物多样性与自然景观等，而且拥有多样化的地域历史与文化。

　　打造"秦巴山脉"地理标志有利于提升秦巴山脉的整体影响力，对于打造农业品牌、转变农业结构、促进农民脱贫致富与区域繁荣、绿水青山的长久永续等，具有重要的现实作用与长远的战略意义。

　　建议结合国家"农产品地理标志"等工作，围绕种植、养殖、矿产、景观、文化、饮食、人文等方面，积极注册与打造"秦巴山脉"地理标志商标，并通过专门机构强化管理，推动秦巴山脉绿色循环发展战略逐步实现。

四、启动秦巴中小学生生态教育与农民职业培训基地项目

　　教育与科技水平不高是制约秦巴山脉农业绿色循环发展的基本因素，强化广大基层干部和农民群众的生态环境保护意识，提升他们使用绿色循环发展技术的能力，是秦巴山脉一项最基础、最持久的艰巨任务。因此，既要重视现有农民的绿色循环发展技术与职业培训，又要重视中小学生生态教育，"从娃娃抓起"，使秦巴山脉绿色循环发展建立在人群素质不断提高的基础之上。

　　在农民职业培训方面，重点围绕农业绿色循环技术与产品和产业化技术开展培训，培训预期目标包括：一是培训出一大批具有基本专项农业绿色循环技术的新型农民；二是孵化出一批从事农业绿色循环产业的企业与农民企业家。建议在西安建立一个"秦巴山脉农业绿色循环发展技术培训中心"，通过国家、地方申报和企业筹资等途径，获得培训经费；在每个地市分别建立一个"农业绿色循环技术培训中心基地"；由各县、乡、村分批进行组织，经过培训考察的学员发放"秦巴山脉绿色循环农业技术培训证书"，并纳入秦巴"新型农人"体系，其产品进入绿色循环产品系列进行营销，并结合区域绿色循环农业发展的需要，在带头人、龙头企业等方面优先予以支持。

　　在中小学生生态教育方面，一要把秦巴山脉生态文化的内容写进教科书，将其作为固定内容予以传承；二要在每个县建立中小学生秦巴山脉生态文化社会教学基地，定期开展社会活动；三要在学校建立中小学生生态环境行为档案，将其作为评定三好学生、推荐优秀模范和升学的重要参考。

附件：单行本建议文案

附件1：关于建立"秦巴山脉土地流转综合试验与示范区"的建议

（一）秦巴山脉的农村现状有利于开展土地流转试验与示范区

1. 秦巴山脉农村劳动力资源外流比例较高

通过这次调研，笔者发现秦巴山脉年输出农村劳动力总量达到1 405.01万人，占秦巴山脉总人口的21.64%，占农村人口的29.48%，占农村劳动力的48.89%，可近似看成农村外出打工劳动力是总人口的1/5，是农村人口的1/3，是农村劳动力的1/2。其中，重庆、湖北和陕西秦巴外出打工劳动力已经超过60%（分别是61.05%、62.85%、62.78%），四川与甘肃秦巴分别达到42.53%和40.41%，最低的河南秦巴为37.51%。

2. 秦巴山脉现有农业劳动力多以妇女与老人为主

外出打工劳动力以青壮年为主，从事农业生产的劳动力以妇女与老人为主。调研发现，有些村庄近八成的农户家里的顶梁柱外出打工，农事操作基本全靠妇女，老人多是辅助角色。由于主要劳动力进入非农行业，农业劳动力整体素质下降，播种、田间管理、病虫害防治、收获等农事活动的质量及效益明显降低，农作物产量与养殖受到较大影响，有些时候甚至影响农产品收获及储藏安全。作为农业核心要素的土地利用效能降低，对于土地资源短缺的我国而言是潜在的资源浪费。

3. 秦巴山脉人均耕地面积少，坡耕地占有较大比例，农业只能"养"家不能"发"家

秦巴山脉的人均耕地面积仅有0.91亩，是全国人均耕地面积红线（1.35亩）的67%。重庆、湖北和陕西秦巴人均耕地面积分别仅有0.84亩、0.81亩、0.80亩，四川秦巴最低，只有0.67亩，较高的甘肃秦巴为1.50亩，河南秦巴仅为1.16亩。秦巴区域的农作物一般是一年两熟，偏南区域可增加一季冬季复种土豆或蔬菜，偏西北区域仅能种一茬。由于耕地资源的限制，农田产出只是解决了温饱问题（个别地方甚至不能解决温饱问题），但盖房、家具、娱乐、通信与医疗只能依赖外出务工收入，农户凭几亩农田发家致富已几无可能，农业之外谋生、谋发展成为秦巴山脉农村居民的重要选择。

4. 对土地的依赖逐渐弱化，部分人口自发流向城市，弃耕农田增多，土地资源闲置现象也逐渐增加

农村居民外出打工收入远远高于从事农业生产的收入，带动亲属、邻居等外出打工，在收入与生活方面会有较大的改善，一些人在就近务工城市安家，多数返乡务工人员也是在所在县城、乡镇与附近的城市安置房产，举家搬迁，完全融入城市生活，农村的宅基逐渐衰落，土地开始荒芜，致使山区有限的耕地资源浪费，未完全弃耕的农田大多只有种收，没有田间管理，产量较低，甚至有种无收，土地资源得不到有效利用。农村人口自发向城市流动，要远远优于政府的单纯移民搬迁，应抓住机遇助推并配套提速政策，既有利于城市化进程，又有利于农村土地流转，有利于推动农业产业化进程。

（二）秦巴山脉开展土地流转试验与示范区建设的意义

1. 加快土地流转有助于推动秦巴山脉农业产业化，加快农业现代化进程

2014年12月22日，李克强在中央农村工作会议上的讲话《以改革创新为动力 加快推进农业现代化》中指出，要"大力发展农业产业化"，"积极发展多种形式适度规模经营。目前我国户均经营土地只有7亩多，在世界上属于超小规模。随着环境条件变化，小规模经营越来越显示出局限性，无论是先进技术应用、金融服务提供，还是农产品质量提高、生产效益增加、市场竞争力提升，都遇到很大困难。农业要发展，必须突破经营规模小的限制。""像家庭农场，几年时间就发展到87万家，平均规模达到200亩，劳动生产率和经济效益大幅度提高。实践证明，适度规模经营不仅是农民群众的自觉选择，也是农业现代化的必由之路。""发展农业适度规模经营，要坚持因地制宜，一切从实际出发，允许地方进行多种形式的探索试验。"①

小规模的土地流转在不同区域已经有了成功的例子，但与农业产业化经营要求仍然有较大的差距，还没有各方面条件都比较成熟的区域开展较大范围的试

---

① 李克强：以改革创新为动力 加快推进农业现代化. http://theory.people.com.cn/n/2015/0216/c40531-26574204.html，2015-02-16.

验与示范。秦巴山脉的土地流转条件率先成熟：一是农村居民土地依赖性低且持续减小（主要依赖外出打工收入）；二是农村居民对家乡的依赖性降低（自主离乡，流向城市）；三是农村劳动力资源短缺与劳动力素质降低（不适应农业产业要求）；四是有限的土地资源开始出现浪费现象（缺乏匹配的生产力与生产工具）。因此，国家应该抓住机遇率先在秦巴山脉实现土地规模化流转试验与示范建设。

2. 土地流转有助于解决长期困扰秦巴山脉的"三农"问题

首先，农民问题主要表现为农民收入低，增收难，城乡居民贫富差距较大。流向城市的农村居民可以依托城市生存，留下的居民成为经营者，从事农业生产的经营者能够"以农为生，以农发展"，或者成为有稳定且相对较高的收入的"农业职工"。其次，农业问题集中表现为农民种田不赚钱，产业化程度低。通过土地流转，减少单纯依赖土地生存的居民数量，土地资源的相对集中，使从事农业经营能获得利益。最后，农村问题主要是农村面貌落后，经济不发达。通过土地流转，加大土地整改力度，提升土地基础设施建设，提高土地利用生产力，彻底改善村容村貌，缩小城乡差距。

3. 土地流转有助于保护秦巴山脉生态环境，保护水源区

土地流转加快农村居民向城区流动的速度，降低人口数量，减少人为干扰和破坏自然环境，有助于秦巴山脉生态环境的恢复与持续好转。土地经营规模的适度扩大，有助于形成农业产业的有机融合，实现如秸秆、畜禽粪便、有机废料等物质的再循环利用，形成无废弃物农业生态系统，控制农业污染源进入自然环境，极大地保护了水源地水质的清洁优质，保障了下游区域的生产生活用水质量及河南、河北、天津、北京的安全用水；同时也有利于长江、黄河及淮河中下游可持续安全用水。

4. 土地流转有助于控制农业肥药污染

土地流转有助于科学施肥，合理用药。在小规模经营模式下，由于农户自身文化水平、农田土壤质量、品种、长势、病虫害、田间管理等差异，施肥用药很难管理，多数情况下，不合理以及过量施肥用药比较普遍。土地流转后的规模经营就能实现统一管理、统一部署和统一行动，显著提高化肥农药的利用效率，有效控制农业面源污染，为整体提升肥药施用技术及技术设备的升级奠定基础，也为政府进行肥药管理与监控提供了可能条件。

5. 土地流转有助于推动秦巴山脉进一步开展退耕还林

土地流转有助于推动土地的合理化使用。由于引入了农业产业化经营机制，经济效益成为经营者不得不考虑的重要事情之一，合理规划种植结果，合理利用土地资源成为重要选择，这样有助于推动25°以上的坡耕地退耕还林，发展特色林果产业，能够大大减少农田水土流失与氮磷面源污染，对于实现秦巴山脉水源区的水质目标管理具有极大的支撑作用。

6. 土地流转有助于提升农产品质量与推动农产品安全

传统的一家一户微小规模经营模式很难做到农产品质量的整体提升，农产品质量很难监管，因而无法保障农产品质量及农产品安全。土地流转在实现统一品种、统一技术与统一管理等方面的基础上，基本保障了农产品质量的一致性，也为农产品安全保障提供了有利条件，经营个体或企业也不敢轻易弄虚作假，或冒险以劣充好，便于政府管理与社会监督。

7. 土地流转有助于发展山区农业产业的全面升级

受制于土地要素，我国农业产业水平较低，山区农业尤其如此。通过土地流转，一是能够刺激并优化农业劳动力资源，促进劳动者素质的整体提升；二是迫使农业生物品种、农业投入品、农业设施及管理等技术的进一步升级，有效推动农业生产力提高；三是推动农业经济的崛起，促使农业产业升级成朝阳产业；四是刺激并拉动农村相关产业，如生态旅游、文化旅游、农村休闲游、度假游及养老产业，使秦巴山脉的农村成为人们向往的最理想选择。

（三）秦巴山脉开展土地流转试验与示范区建设的政策建议

1. 解决农村居民流向城市的后顾之忧

土地流转后的农村居民，不管是流向城区还是在原地长期或短期居住，都可以选择土地入股、租金（一次性买断租金和长期租金）、保障口粮等方式与承包主体发生关系，保障农村居民原有土地收入或收成基本保持不变，在原地长期居住的居民还可以到企业打工挣钱，解除土地流转的后顾之忧。另外，还可以对流向城区的农村居民开展一定的职业技能培训。农村居民自主流向城区与移民搬迁在操作难度、投入成本等方面有本质区别。

2. 鼓励企业与资本进入秦巴山脉农业产业

土地流转后的农业产业发展需要大量资金支持，而地方农村居民缺乏资金支持，因此，一方面要鼓励企业参与农业产业经营，另一方面要吸引资本进入农业产业。农业行业的投资期相对较长、风险相对较大，秦巴山脉尤其如此，为此，国家与地方政府为投资农业产业的企业提供一定的税收减免、租金补贴、无息或低息贷款等优惠政策。另外，鼓励第二、三产业有实力的企业，尤其是名牌企业参与农业产业经营，拉动农村产业的发展；农村居民也可以通过资金融合途径，采取合作经营模式投资农业产业等。

3. 秦巴山脉土地流转要点面结合，重点突破，由点及面，形成规模优势

由于重庆、湖北、陕西、河南、四川及甘肃所属的秦巴区域发展具有差异性，建议土地流转试验与示范区建设先从条件相对成熟的区域开始。就目前的调研结果看，重庆、湖北与陕西秦巴的农村外出劳动力已经超过农村劳动力的60%，可以作为首批试验与示范点；河南与四川秦巴作为第二批试点，甘肃秦巴作为第三批试点。总体上循序推进、重点分明、点上开花、面上结果，在区域尺度上，使秦巴山脉成为土地流转的试验与示范区，为我国农村土地流转积累经验，指导我国农业产业化进程。

4. 培育高素质的农业产业经营者

土地流转需要大量的农业技术人员，尤其是产业经营方面的人才。解决这个问题，就要以在区内培养为主，依托相关高校及职业技能培训机构，以服务于当地产业特征及需求为目标，培养农业技术人才与农业产业经营人才，从区外引进一些急需的高端人才，加强技术推广应用，以及经营模式的落地与复制。

附件2：关于注册"秦巴山脉"地理标志商标的建议

地理标志是指证明某一产品来源于某一成员国或某一地区或该地区内的某一地点的标志。该产品的某些特定品质、声誉或其他特点在本质上可归因于该地理来源。地理标志是特定产品来源的标志，它可以是国家名称及不会引起误认的行政区划名称和地区、地域名称。地理标识的基本特征有三个：①标明商品或服务的真实来源（即原产地的地理位置）；②该商品或服务具有独特品质、声誉或其他特点；③该品质或特点本质上可归因于其特殊的地理来源。与商标相似，地理标志的主要功能是区分商品的来源。虽然可以想象地理标志用于服务，但地理标志如此宽泛的适用范围在目前还未用于由WIPO（World Intellectual Property Organization，世界知识产权组织）管理的国际条约或TRIPS（*Agreement on Trade-Related Aspects of Intellectual Property Rights*，《知识产权协定》）中。与商标不同，地理标志区分商品是通过对其生产地的标示，而不是通过对其制造来源的标示。对制造或生产的地方的标示是地理标志的本质。地理标志与商标不同，不是

主观随意选定的，地理标志的标示不可替代。原则上允许所有的制造商使用某一地理名称，只要带有该地理名称的商品是原产于所标示的地方，或者符合产品的可适用的一些标准（如果有的话）。地理标志的合法使用者有权阻止其商品并非来源于该地理标志所标示的地方的任何人使用该地理标志。与商标一样，地理标志适用"特殊性"原则，即所受到的保护仅限于其实际使用的产品种类；还适用"领土"原则，即仅仅在一定区域范围内受到保护，并受该区域性法律、法规的约束。

（一）"秦巴山脉"地理标志商标的价值

2015年，中国农业全面进入品牌化时代，"以品牌化为现代农业核心标志"的理念得到广泛认同，习近平总书记等领导在各种场合提倡打造农业品牌，农业的发展与增长方式开始发生改变，区域公用品牌的竞争格局出现，农业企业的品牌化程度得到提升，各种新农人成为农业品牌化的先锋分子，各种农业品牌经营模式初露端倪，数字品牌塑造崭露头角，农业品牌第三方服务联盟先后成立，农业的丰富资源与独特文脉被看重并注入大量资本。

地理标志商标标示农产品产地，作为商品具有的特定质量、信誉或其他特征，它是由该地区的自然因素或人文因素所决定的。地理标志商标是目前国际上保护特色农产品的一种通行做法，通过申请地理标志证明商标，可以合理、充分地利用与保存自然资源、人文资源和地理遗产，有效地保护优质特色产品、促进特色行业与区域经济的发展。地理标志可以作为证明商标或集体商标进行注册，国际上关于地理标志商标最典型的案例是法国波尔多葡萄酒，国内与地理标志有关的有影响的产品有"东北大米""绍兴黄酒""章丘大葱""宁夏枸杞""郫县豆瓣酱"等。

秦巴山脉是秦岭山脉与大巴山脉的总称，在地理位置上天成一体，具有相似的自然资源与气候特征，促进了民俗、语言、饮食等文化要素的同质性。秦巴山脉相对独立的地理单元造就了秦巴山脉独特的"贵族"气质，东西驰骋把我国划分为南方与北方两个截然不同的气候带，永远的青山向长江与黄河源源不断输送绿水，滋养着多半人口，成为名副其实的"父亲山"；秦巴山脉的青山绿水也滋润了大山，向世人馈赠绿色有机农产品与道地中药材，腹地"硒都"汉中的特色农产品富硒茶更是秦巴山脉的珍品。秦巴山脉在国内独一无二的生态环境品质决定了其独特的农产品质量与特色，因此，申请"秦巴山脉"地理标志商标具有极大潜力的商业价值，不但有利于区内农民增收致富，而且有利于进一步保护秦巴山脉优良生态环境的可持续发展。

（二）"秦巴山脉"地理标志商标在绿色循环发展战略中的作用分析

1. "秦巴山脉"地理标志商标是农业发展的核心战略

农产品的相对丰富引导农副产品的消费需求向品牌方向转变，品牌代表农产品的质量、健康、风味、特色，甚至时尚，是拉动农业经济效益提升与促进生产者增收的核心动力，也是农业发展的核心战略。农业品牌化在国内成功的案例不少，当前国内形势下农业发展正是举步维艰之时，因此，农产品商标与农业品牌化日趋成为农业转型升级、供应侧改革、消费需求满足的重要抓手。秦巴山脉应该抓住机遇，以"秦巴山脉"地理标志商标为突破口，用品牌化倒逼秦巴山脉的规模化、标准化、信息化、良种化等现代农业要素的产业链构建，用品牌战略构建秦巴山脉的现代农业经营模式与运营体系，从区域尺度着眼申请"秦巴山脉"地理标志商标，并设立专门管理机构，各个省的各级政府与企业积极配合，把"秦巴山脉"品牌与其农产品紧密结合起来，推动秦巴山脉绿色循环发展战略的逐步实现。

2. "秦巴山脉"地理标志商标有助于青山绿水的长久发展

"秦巴山脉"农产品的地理标志商标一旦确立其市场品牌地位，就会推动秦巴山脉农产品的销售，推动秦巴山脉农产品市场的繁荣、农村经济发展与农业生产者增收；农业与农村经济一旦受益于青山绿水，反过来人们就会更加保护生态环境，而青山绿水的可持续发展再一次推动了秦巴山脉农产品市场可持续繁荣。"秦巴山脉"地理标志商标建立的这种互推机制促成了山区农业生产与青山绿水的良性循环发展模式，"山里"与"山外"都能从中受益。

3. "秦巴山脉"地理标志商标有助于山区扶贫战略

秦巴山脉是我国贫困人口集中区域之一，扶贫历来是山区发展的重要内容之一。过去扶贫多采用"输血"模式，年年扶贫年年贫。申请"秦巴山脉"地理标志商标能够建立新的扶贫范式，并以之为抓手，采用"造血"或"授人以渔"的扶贫模式，实现一年扶贫永久脱贫。因此，"秦巴山脉"农产品作为地理标志商标与市场品牌对改善山区农村经济发展具有重要意义。另外，秦巴山脉农产品以"秦巴山脉"品牌化为核心，易于与电商紧密结合，形成山区双轮驱动机制，创造与实现合力扶贫模式，为秦巴山脉2020年的全面脱贫提供新思路、新方法。

4. "秦巴山脉"地理标志商标能够提升农产品价值

"秦巴山脉"作为秦巴山脉农产品的地理标志商标与其地理标志产品的品种、品质、文化独特性、区域文化及独特文脉价值等紧密相关，不但在传统消费方式中会异军突起，而且将得到互联网消费方式的青睐，在逐步奠定市场"高大上"品牌形象的基础上，随着消费群体的喜好增加，推动秦巴山脉农产品价值的极大提升，并有望成为国内覆盖区域最广、市场影响力最大、消费群体数量最多的地理标志商标，其潜在的市场价值难以估量。

5. "秦巴山脉"地理标志商标能够整合各地零散电商，形成品牌合力，有助于构建秦巴山脉农产品销售平台

未来农业品牌在国家品牌中的重要性将日益凸显，并将催生农业生态的品牌化发展。以往"政府搭台，企业唱戏"的区域经济运营机制逐渐向多元化投入、跨界融合的整合模式发展。政企共同运营一个或多个品牌等多种品牌运营及利益联结机制正在兴起。在三产整合、农旅融合的新产业体系下，农业品牌创建模式不断得以创新，单一产业品牌模式逐步向整合品牌模式演进。秦巴山脉各地零散电商一般都局限于县域农产品种类与品种，品牌的束缚性较大，灵活性远远不够；加上秦巴山脉区域县域数量多，品牌效应很难实现。现在电商的根本问题是没有走出传统的思维模式，受制于农产品价格、数量、类型的影响，无法担当县域农产品销售的"火车头"的重任，对区域经济发展的影响力更是有限。因此，通过"秦巴山脉"地理标志商标能够整合各地零散电商，形成秦巴区域的农产品品牌合力效应，刺激电商发展走上新台阶，还能促进秦巴山脉农产品销售平台的建立。通过秦巴区域的"秦巴山脉"品牌战略规划，形成品牌化与电商化互动发展格局，从而获得产品溢价，提升品牌价值，提高区域经济效益与社会效益。

6. "秦巴山脉"地理标志商标将成为秦巴区域农业产品与农业经济的重要支柱

农产品品牌消费将成为未来农产品消费的重要方式，没有品牌的农产品将很难有立足之地，尽快建立"秦巴山脉"地理标志商标对秦巴区域农产品具有重要的战略意义。"秦巴山脉"品牌包含的不仅是农产品，还有秦巴山脉的生态服务功能与价值，优良的农产品品质是一般区域所不具备的。"秦巴山脉"品牌一方面能凸显秦巴区域农产品的地理特色与农业文化特性，不仅代表了区域特性，还是区域综合形象展示的窗口；另一方面也是支撑农业产业壮大与优化农村经济的支柱。

（三）"秦巴山脉"地理标志商标内容

"秦巴山脉"地理标志商标主要由"秦巴（汉字）+秦巴山脉（图案）"组成。地理标志商标的具体设计图案待定。

（四）"秦巴山脉"地理标志商标适用范围及适用产品类型

"秦巴山脉"地理标志商标适用于秦巴山脉区域的所有县市（具体名单见附表2-1）。"秦巴山脉"地理标志商标适用于该区域的水资源与所有农产品（必须

是出自秦巴区域产地的种植、养殖及其加工产品，林业产品，中药材产品等），但国家保护动植物资源不在地理标志商标的保护范畴。

附表2-1 秦巴山脉所属县市名单、人口与面积

省/市	地级市	区县	总人口/万人	常住人口/人	面积/平方千米
陕西省	西安市	长安区	102	1 030 000	1 594
		蓝田县	65	612 545	2 006
		周至县	67	575 839	2 946
		户县[1]	60	562 902	1 282
	宝鸡市	太白县	5	43 925	2 716
		眉县	32	312 491	858
		凤县	10	102 666	3 148
	渭南市	华阴市	27	252 528	675
		潼关县	17	166 518	429
		华县	35	335 352	1 128
	商洛市	商州区	55	380 917	2 645
		洛南县	46	442 400	2 833
		丹凤县	31	295 823	2 407
		柞水县	16	168 539	2 363
		镇安县	30	298 698	3 488
		山阳县	47	422 800	3 531
		商南县	24	222 100	2 307
	汉中市	汉台区	56	223 479	546
		镇巴县	29	247 752	3 407
		留坝县	4	43 478	1 951
		勉县	43	388 698	2 309
		西乡县	42	342 813	3 229
		南郑区	56	473 086	2 808
		城固县	54	466 213	2 217
		宁强县	33	308 628	3 256
		洋县	45	384 700	3 194
		佛坪县	3	30 141	1 269
		略阳县	20	234 777	2 826
	安康市	汉滨区	102	605 985	3 644
		旬阳县	46	366 079	3 541
		石泉县	18	171 739	1 516
		汉阴县	31	246 771	1 365

续表

省/市	地级市	区县	总人口/万人	常住人口/人	面积/平方千米
陕西省	安康市	平利县	24	193 557	2 648
		白河县	21	163 891	1 454
		紫阳县	34	284 780	2 244
		岚皋县	17	198 650	1 957
		宁陕县	7	70 538	3 664
		镇坪县	6	51 146	1 502
河南省	洛阳市	洛宁县	50	268 748	2 350
		宜阳县	69	462 763	1 666
		嵩县	61	412 343	3 009
		汝阳县	50	279 256	1 325
		栾川县	34	220 011	2 478
	平顶山市	鲁山县	94	352 037	2 406
		叶县	88	464 199	1 387
	南阳市	卧龙区	103	460 592	1 007
		南召县	65	369 917	2 946
		镇平县	108	869 189	1 490
		方城县	113	655 799	2 542
		内乡县	72	352 496	2 465
		淅川县	74	591 547	2 817
		西峡县	48	469 280	3 453
	三门峡市	灵宝市	74	475 283	3 011
		陕州区	35	161 329	1 763
		卢氏县	38	225 211	4 004
湖北省	十堰市	丹江口市	46	358 251	3 121
		茅箭区	28	3 288	578
		张湾区	26	34 707	652
		郧阳区	62	875 706	3 863
		郧西县	52	300 916	3 509
		竹山县	47	308 037	3 586
		竹溪县	37	208 589	3 279
		房县	49	402 096	5 110
	襄阳市	老河口市	53	341 726	1 032
		襄州区	103	852 097	2 306
		襄城区	46	142 038	645
		樊城区	77	265 777	614

续表

省/市	地级市	区县	总人口/万人	常住人口/人	面积/平方千米
湖北省	襄阳市	保康县	28	263 537	3 225
		南漳县	59	466 183	3 859
		谷城县	59	443 211	2 553
	神农架林区	—	8	62 696	3 253
甘肃省	陇南市	武都区	58	363 382	4 642
		成县	26	224 391	1 678
		徽县	22	125 774	2 699
		两当县	5	7 902	1 408
		宕昌县	30	124 723	3 315
		文县	24	69 688	5 002
		西和县	43	170 692	1 862
		礼县	53	159 749	4 264
		康县	20	94 428	2 968
	天水市	秦州区	69	319 158	2 442
		麦积区	62	318 886	3 480
	定西市	岷县	48	313 256	3 500
		漳县	21	88 303	2 164
		渭源县	35	220 586	2 065
	甘南藏族自治州	迭部县	6	5 872	5 148
		卓尼县	11	30 030	5 420
		临潭县	16	45 005	1 557
		舟曲县	14	41 832	3 010
四川省	达州市	万源市	60	193 567	4 065
		通川区	58	207 323	901
		达川区	120	460 252	2 245
		宣汉县	133	723 624	4 271
		开江县	61	450 908	1 033
	巴中市	巴州区	82	245 317	1 407
		恩阳区	61	290 142	1 159
		平昌县	105	554 551	2 227
		南江县	69	279 016	3 383
		通江县	77	391 282	4 116
	广元市	利州区	48	155 677	1 534
		昭化区	24	72 000	1 437
		朝天区	21	90 577	1 613

续表

省/市	地级市	区县	总人口/万人	常住人口/人	面积/平方千米
四川省	四川省	旺苍县	46	275 354	2 976
		青川县	24	99 044	3 216
		剑阁县	69	284 149	3 204
		苍溪县	79	550 781	2 330
	绵阳市	江油市	89	709 853	2 721
		平武县	18	126 681	5 950
		北川羌族自治县	24	140 926	3 083
		梓潼县	39	168 419	1 444
	南充市	阆中市	88	649 731	1 878
		仪陇县	113	769 311	1 791
		南部县	132	837 345	2 229
		营山县	95	551 935	1 633
重庆市	—	云阳县	134	826 561	3 636
	—	开县[2]	166	1 395 838	3 964
		奉节县	107	756 787	4 098
		巫山县	64	361 320	2 955
		巫溪县	54	620 943	4 015
		城口县	25	106 690	3 289
合计	—	121	6 164	40 211 360	308 634
		外部15个交叉县	1 044	7 269 894	26 753
		内部核心山区	5 120	32 941 466	281 881

1）现为鄠邑区
2）现为开州区

（五）"秦巴山脉"地理标志商标法人与使用人

"秦巴山脉"地理标志商标的法人由国家秦巴山脉办公室设立专门机构管理，在办公室成立之前将由陕西省人民政府委托相关机构代表五省一市暂行代管。凡属于秦巴区域农产品的生产者或经营者均可无偿免费使用"秦巴山脉"地理标志商标，秦巴区域以外的农产品在秦巴山脉区域加工则不能使用该品牌。

附件3：秦巴山脉汉江流域调研报告

按照项目组的安排，农林畜药组参加了所有相关区域的调研工作。与此同时，本组对水源地核心农业区域进行了重点考察，获取了批量资料，强化了感性认知，取得了初步成果。

（一）考察组织与过程

2015年4月下旬，杨正礼研究员、杨世琦研究员、舒志明副教授等参加了项目启动会，并同项目组一起对陕西省商洛市、山阳县、平利县的种植业、设施农业、农产品加工、林下经济等相关情况进行了调研。

2015年5月下旬，课题组组长刘旭院士带领课题组成员梅旭荣局长、闫林研究员、杨正礼研究员、杨世琦研究员、舒志明副教授、李瑞霞博士（后），以及综合组的张晓荣讲师和政策组的卢敬民研究员等，开展了陕西省汉中市、安康市农林畜药专项调研，并参加了湖北省秦巴山脉项目启动会与综合组调研。具体调研行程与调研内容参见附表3-1。

附表3-1 农林畜药课题组重点考察行程与内容

时间	地点	调研人员	行程	陪同人员	考察座谈对象
2015-05-24	陕西省汉中市	刘旭院士、闫林研究员、杨正礼研究员、舒志明副教授、卢敬民研究员、张晓荣讲师和李瑞霞博士（后）	城固县	市政府副秘书长王松柏、市农业局副局长王友民、县政府副县长李国鸿、县林业局局长陈世华、县农业局副局长张世强等陪同调研	山花茶叶现代农业园
					顺鑫鹏程生猪产业联盟
					陕西天梦生物肥料有限责任公司
					柑橘园
					城固县榛旺乌鸡养殖专业合作社
					五堵镇五堵村灵芝种植基地
					汉中天然谷生物科技股份有限公司
					张骞墓
2015-05-25	陕西省汉中市	刘旭院士、闫林研究员、杨正礼研究员、舒志明副教授、卢敬民研究员、张晓荣讲师和李瑞霞博士（后）	汉中市政府座谈会	王山稳（副市长）、王松柏（市政府副秘书长）、王友民（市农业局副局长）、赵海林（市林业局副局长）、曹永红（市发改委中药办副主任）、舒宝安（市科技局总工程师）、王科德（市环保局调研员）等	汉中顺鑫鹏程食品有限公司、汉中山花茶业有限公司、盛泰嘉业（陕西）生态资源有限责任公司、陕西汉王药业有限公司、汉中天然谷生物科技股份有限公司、陕西洋县志建药业科技有限公司
			西乡县	副市长王山稳，县领导马世生、演晓刚、马仕强等陪同调研	陕西东裕茶叶公司
					五丰现代农业园区
					军鑫农业发展公司
					樱桃沟观景台

续表

时间	地点	调研人员	行程	陪同人员	考察座谈对象
2015-05-26	陕西省安康市	刘旭院士、梅旭荣局长、闫林研究员、杨正礼研究员、杨世琦研究员、舒志明副教授、卢敬民研究员、张晓荣讲师和李瑞霞博士（后）	平利县	市农业局副局长刘虎、市林业局副局长邢新满、副县长吴大林陪同调研	大贵镇茶园
					长安镇茶园
					城关镇龙头村
2015-05-27	陕西省安康市	刘旭院士、梅旭荣局长、闫林研究员、杨正礼研究员、杨世琦研究员、舒志明副教授、卢敬民研究员、张晓荣讲师和李瑞霞博士（后）	汉滨区	市农业局副局长刘虎、市林业局副局长邢新满、副县长吴大林陪同调研	汉滨区瀛天核桃产业园区
					正森核桃加工厂
					陕西安康秦东魔芋食品有限公司
					银湖水库
					阳晨牧业有限公司
			安康市政府座谈会	市农业局副局长刘虎、市林业局副局长邢新满、副县长吴大林陪同调研	副市长鲁琦、市农业局副局长刘虎、市林业局副局长曹永红、汉滨区政府等领导 陕西安康秦东魔芋食品有限公司、盛发魔芋制品有限公司、永宏丝业公司、恒翔生物化工公司、忠诚现代农业园区、瀛天核桃产业园区、平利申草园公司等负责人
2015-05-28	湖北省十堰市	闫林研究员、杨正礼研究员、杨世琦研究员、舒志明副教授、卢敬民研究员、李瑞霞博士（后）	茅箭区	十堰市茅箭区政府领导	武当道茶种植基地
					武当道茶产业开发有限公司
					武当山珍卖场
2015-05-29	湖北省十堰市	秦巴课题调研组	座谈会		湖北省发改委、经信委、国土厅、住建厅、交通厅、农业厅、林业厅、环保厅、旅游局和扶贫办领导；十堰市、襄阳市、神农架林区、丹江口市、郧阳区领导等
2015-05-30	湖北省十堰市	秦巴课题调研组	茅箭区		十堰市博物馆
	湖北省丹江口市		丹江口水库	丹江口市市长李翔	丹江口水库
2015-05-31	湖北省神农架林区	秦巴课题调研组	神农架林区	神农架林区党委副书记、政府区长杜海洋，副区长刘启仁和陈支平，神旅集团董事长廖明尧，木鱼镇镇书记沈绍平，神农架发改委毛庆华和姚勇，林区接待办张云等	神农架林区

2015年6月中旬，杨世琦研究员、舒志明副教授、李瑞霞博士（后）等参加了河南省的秦巴山脉项目启动会与综合组调研，对洛阳市洛阳一拖集团、中信集团（机床）、小浪底水库、伊川县火力发电厂及栾川铝厂产能改造、栾川县洛钼集团、西峡宛西制药厂、淅川县丹江水库调水口进行了调研。

2015年7月下旬，课题组杨世琦研究员、舒志明副教授参加了对甘肃省的综合调研。先后对小陇山植被与生态、天水华天电子集团、天水长城电工仪器有限责任公司、甘肃成纪生物药业有限公司、天水星火机床有限责任公司、重点文化旅游伏羲庙、礼县紫金矿业和新型城镇化试点、祥宇油橄榄开发有限公司、舟曲县灾后恢复重建、迭部县草原等进行了调研。

2015年8月中旬，杨正礼研究员、杨世琦研究员、舒志明副教授参加了对重庆市与四川省的综合调研。先后对万州市移民搬迁、奉节柑橘园、巫山小三峡地貌、巫山博物馆、达州工业园区玖源化工有限公司、瓮福达州化工有限责任公司、开江县奶牛养殖、阆中古城旅游产业、四川电子军工集团、饮料企业、汽车制造业、绵阳北斗卫星导航产业、核军工科研展示、民品电子企业等进行了调研。

（二）考察主要收获

1.收集了大量相关资料，但一些资料仍短缺

资料收集情况具体如附表3-2所示。

附表3-2　调研地市的资料收集情况汇总

省级	市级	区县	年鉴	地方资料
陕西省	西安市	长安区、蓝田县、周至县	《陕西统计年鉴》（2010~2014年）；"十三五"总体规划	2014年、2015年农林畜药基础统计数据、"十三五"总体规划等材料正在联系中
	宝鸡市	太白县、眉县、凤县		
	渭南市	潼关县、华县、华阴市		
	商洛市	商州区、洛南县、丹凤县、柞水县、镇安县、山阳县		
	汉中市	汉台区、镇巴县、留坝县、勉县、西乡县、南郑区、城固县、宁强县、洋县、佛坪县、略阳县		（1）2010年、2013年、2015年各县区中药材种植情况数据 （2）汉中市林业特色产业发展情况汇报 （3）汉中市农、林、牧业倍增工程纲要

续表

省级	市级	区县	年鉴	地方资料
陕西省	安康市	汉滨区、旬阳县、石泉县、汉阴县、平利县、白河县、紫阳县、岚皋县、宁陕县、镇坪县	《陕西统计年鉴》（2010~2014年）；"十三五"总体规划	2015年农林牧渔统计数据（较全）
湖北省	十堰市	茅箭区、张湾区、十堰经济开发区、郧阳区、郧西县、竹山县、竹溪县	《湖北统计年鉴》（2010~2014年）	2014年和2015年统计数据、"十三五"总体规划及有地方特色或发展潜力的农业产业规划资料正在征集中
		房县、丹江口市		2014年和2015年统计数据、"十三五"总体规划及有地方特色或发展潜力的农业产业规划资料正在征集中
	襄阳市	襄州区、襄城区、樊城区、保康县、南漳县、故城县、老河口市		2014年统计年鉴；缺失资料同上
	神农架林区	—		2013年、2014年农业和畜牧生产情况；2014年国民经济和社会发展统计公报；林业和中草药生产情况资料以及2015年最新数据正在联系中
	丹江口市	—		2014年农业生产条件数据；缺失2015年数据

2. 核心区现场调研感受深刻

在中国工程院副院长刘旭院士和中国农业科学院科技局局长梅旭荣的带领下，课题组11人于2015年5月24~31日，对地处南水北调水源地的汉中市、安康市和十堰市进行了农林畜药专项调研。

5月24~25日，调研组先后到汉中山花茶业有限公司茶叶种植基地、顺鑫鹏程食品有限公司食品加工厂、陕西天梦生物肥料有限公司有机肥生产线、汉中天然谷生物科技股份有限公司中药萃取、城固县榛旺乌鸡养殖专业合作社林下乌鸡养殖场等农业产业化企业开展了综合调研。调研组深入田间地头、饲养圈舍和加工企业，听取了相关负责人的情况介绍与汇报，刘院士对城固县发展种养循环模式给予了高度的评价，并对当前发展种养结合、林下养殖等绿色循环农业提出了希望和要求。

汉中山花茶业有限公司茶园基地面积达1.2万亩，每年按茶事季节定期举办技术培训，提升企业员工理论技术水平和实践操作技能，提高产品质量，并注重打造品牌，开展多种营销，其品牌"张骞牌"被评为陕西省著名商标。园区采用循环经济发展模式，集生态茶园建设、休闲农业观光旅游建设于一体，通过标准化茶园建设维护当地自然生态环境平衡，增加森林覆盖率，有效防止了水土流失。通过"公司+基地+农户"的模式，辐射周边农户的7 000亩茶园，带动当地农民增收。

汉中顺鑫鹏程食品有限公司以顺鑫养殖基地为纽带，与汉中大北农牧科技有限公司战略合作制定共同规划，建设生猪产业园区，统一防疫、统一技术，实现生猪养殖的科学化、标准化和规范化。同时引入农民合作制，采用"独立核算，保底收购，利润分成"的方法，有效保障农民收入，降低投资风险。紧密结合城固县主导种植产业柑橘、中药材、农作物等，建设大型沼气工程，实现种养结合循环利用，打造猪—沼—果（鱼、菜、粮）农牧结合生态循环产业模式。

陕西天梦生物肥料有限责任公司以动物粪便、植物秸秆和植物腐殖质为原料，经深度腐熟和氧化生物发酵等工艺处理生产出生态有机肥，展现了该地区种养结合与养殖废弃物处理利用的良好前景。

汉中天然谷生物科技股份有限公司生产加工淫羊藿、红景天、刺蒺藜、橙皮甙等30余种中草药植物提取产品，调研组专家重点询问了中草药原材料的产地在质量和数量上能否保证企业生产所需，企业对当地林农的带动作用等，关注了中草药提取后期污水处理工程配套设施能否保证污水处理后无害化无污染排放。

城固县榛旺乌鸡养殖专业合作社通过银杏林和松林林地散养乌鸡和土鸡，初步实现了原生态养殖，注册"榛旺"品牌，系列产品已投向城固县各大超市，并远销西安、成都、重庆、上海等地，取得良好的经济效益和社会效益，合作社计划建立榛旺虫草鸡、榛旺乌鸡蛋电商销售平台，着力打造以养殖、销售为龙头，林禽共生、种养结合，兼营发展餐饮休闲、旅游观光，逐步形成吃、住、行、游、购、娱一体的综合性的产业格局。

五堵镇五堵村灵芝种植基地通过流转农户土地，采用椴木栽培，采收灵芝和灵芝孢子粉，实现年产值650万元，解决了当地群众的就业问题，带动周边群众共同发展。

考察组通过对西乡县东裕汉茶养生谷等的考察，初步了解了茶树品种、种植规模、产品研发、茶叶深加工、产业链、茶农收益等情况。

西乡五丰现代农业园区和军鑫现代农业园区将猪粪、油菜秸秆加工成有机肥，直接用于循环农业生态大棚蔬菜基地。考察组查看蔬菜生长情况，采摘品尝有机黄瓜。刘旭院士指出，西乡县地处秦巴山脉区域，要做好循环发展这篇大文章，完善规划，突出特色，延伸产业链条，大力推动高端产品进入市场，确保循环发展落到实处，造福群众。

在汉中市座谈会上，王山稳副市长就汉中农林畜药的发展现状和存在问题进行了介绍，指出了汉中发展茶业、生猪、中草药和水果（柑橘、猕猴桃、枇杷、蓝莓等）等优势产业的可行性，通过循环农业带动农业的提质增效。此外，王山稳副市长还提出了农业产业"小、散、弱"的特点，说明了农业发展基础薄弱，发展缓慢（资金不足，创新力度小）的原因。农业局、林业局和环保局各领导分别做了报告。最后，刘旭院士做了总结发言，他首先肯定了汉中市经济发展工作的成果，并给出了以下几点建议：一是生态涵养评估（现状、未来发展），分区形成规划；二是推动生态补偿，建立对口帮扶机制；三是建立循环农业示范区，提高绿色有机标准；四是力争把本地革命老区、贫困区和生态保护区纳入"十三五"扶贫攻坚计划中；五是旅游文化打"春黄，秋红，全年文化游"的牌子，挖掘本地两汉三国的厚重历史，如历史名人张骞、现代西北联大遗址、五门堰等；六是建立秦巴山脉循环经济与生态文明示范区，发动当地经济与"丝绸之路"结合。

5月26~28日，在中国农业科学院科技局局长梅旭荣的带领下，调研组对安康市进行了重点考察。在考察富硒矿泉水、富硒茶饮、富硒粮油、富硒肉制品加工、富硒魔芋食品等安康的名优特产生产与加工情况的过程中，感受到了"中国硒谷"品牌之安康名片的特色。

调研组先后深入大贵镇儒林堡村高效密植茶叶基地、长安镇高峰村高效密植茶叶基地及城关镇龙头村等地，实地查看和详细了解了平利县以茶饮产业为主导的绿色农业循环发展工作情况。平利县素有"中国绞股蓝第一县"和"西北名茶大县"的美誉，"平利女娲茶""平利绞股蓝"是国家地理标志产品。近年来，该县积极引导群众开拓茶饮产业，发展田园风光旅游。生机盎然的翠绿茶山、白墙乌顶的徽派建筑，令人印象深刻。

东裕省级现代茶业产业园区通过建立家禽生态养殖区，初步形成了"禽—沼—茶"循环经济模式，每亩茶园养殖15只鸡不仅能防虫除草，还可增施有机肥，实现茶叶绿色生产，值得学习推广。

汉滨区瀛天核桃产业园区不仅发展山林经济，涵养库区水源，同时还支撑汉滨林果经济。该企业也重视培育紫仁核桃和串珠核桃等新品种，建立企业特色核桃产业。

陕西安康秦东魔芋食品有限公司是一家集魔芋种植、加工、科研开发和贸易服务于一体的健康食品加工专业企业。但由于魔芋产量不足，无法满足企业生产，该公司半年生产半年休闲。

5月26日，在安康市召开的座谈会上，安康市鲁琦副市长首先指出安康市的发展要明确区域定位，指出安康基础设施、交通、民生和产业基础薄弱，以及资金、人才和优良种质资源的不足，强调了安康生态富硒产业已经被列入国家重点产业的事实。他提出产业发展要接地气，要与京津冀产业结合，需要机制倾斜支持，要建立淘汰机制等要求与建议。

刘旭院士针对安康市农业经济发展的实际，提出以下几点建议：一是要把问题找准、要求合理，做好评估，努力把安康市革命老区列入国家发展战略；二是要打造特色产业与有机富硒绿色品牌；三是投入品要绿色化，产品运输保鲜有潜力；四是猪—沼—果循环生产过程中，要严格关注产前产后，原料来源要绿色可靠。梅旭荣局长也指出安康发展不能空对空，要用数据说话；更要站在秦巴看安康，重点发展，创新驱动；建议建立土地经济制度（土地标志）和新型商业模式，实现互联网销售模式。

5月29日，中国农业科学院杨正礼研究员带领调研组重点对十堰市茅箭区龙箭武当道茶种植基地、武当山珍卖场及其电商平台进行了调研，龙箭武当茶园位于海拔520~1 200米的崇山峻岭中，按照有机茶标准管理，不施化肥、农药，是天然有机茶。武当山珍卖场电商平台已经运行一年有余，正在由摸索阶段向快速发展阶段迈进。

5月30日，课题组随同项目组一起参观了丹江口水库。该水库作为国家南水北调中线工程水源地，在防洪、发电、航运、灌溉、养殖及旅游等方面都有着巨大的优势。库区水质一直稳定在国家二类及以上标准。据中国环境监测总站丹江口水质监测站及南水北调丹江口库区内的28个水质监测指标，全年大部分时间都属于国家一类标准，仅在汛期总磷和高锰酸盐两项指标属于国家二类标准，高于调水要求的三类水质标准。存在问题是水费收取困难，无法有效杜绝污染源排放等问题。

课题组认为，丹江口水库水质的保障与维护渗透着库区人民的无私奉献与牺牲。国家和用水区应当感谢他们。与此同时，调研组也体会到做好本次咨询规划的重要意义。

5月31日，考察组来到神农架林区，独特的地理环境和立体小气候，使神农架成为中国南北植物种类的过渡区域和众多动物繁衍生息的交叉地带。座谈会中林区领导汇报了林区发展情况，课题组了解了林区实行水电减量化管理、矿产萎缩化开发、严格控制生态旅游承载、积极开发特色农产品、建立电子商务销售平台等措施。课题组专家针对该区域特点，提出了许多好的意见和建议。

（三）农林畜药绿色循环发展中的问题分析

一是基层干部与农民及城乡居民绿色生产与消费意识淡薄，农业绿色循环发展面临传统观念和生产方式的束缚。如何增强农民标准化绿色生产的观念，保证坡度大于25°的山地退耕还林，提高农民农产品质量安全和优质品牌意识，杜绝生产中施用禁用农药和化肥，以及提高广大城乡居民的绿色消费水平等，就成为发展秦巴山脉绿色循环农业的深层次原因。

二是该区域农技服务体系不健全，农业技术培训与推广力量薄弱，方式落后。基层农业技术推广信息网络和市场建设滞后，远不能满足现代绿色循环农业发展的要求。

三是缺乏有知识、有理想的新一代农民，目前主要依靠"386199"①务农，缺乏对以家庭为核心的农业规模的扩大和对农业新技术的推广欲望，绿色循环技术的推广受到劳动力素质的极大制约。

四是发展绿色循环农业的相关政策与整体规划缺失，绿色循环农业发展缺乏推进依据。目前，山地土地承包制经营分散，制约着种植规模的有效扩大，受土地保护政策限制，关于土地的权属和使用问题成为困扰工程规划和实施的重要因素。受生态保护政策限制，林区产业结构单一，民生问题突出。特色中草药产品的认证和市场准入手续办理困难，产品附加值无法提升。

五是市场销售渠道传统化，缺乏创新，严重制约着地方特色绿色农产品的批量外销。目前，本区农业产品销售渠道仍然以传统的"生产—批发—零售"模式为主，缺乏"农超对接"、互联网+产供销一条龙平台等新模式，一些离批发市场较远的生产区域在销售方面有诸多不便。在这样的背景下，地方特色绿色农产品的销售受到直接影响。以本区的茶叶为例，行业中"张骞牌"汉中仙毫、安康富硒茶、十堰武当道茶、神农架的神农奇雾茶等，销量非常有限。其他农产品、林产品、畜禽肉蛋和中草药方面也不可避免地存在类似问题。

（四）农林畜药绿色循环发展思路与对策的初步认知

根据初步考察和对未来农业发展出路问题的交流讨论，课题组认为秦巴山脉农业绿色循环发展应采取政府引导、科学规划、项目带动、多方参与、有序推进的基本思路，将退耕、绿色高效农业、林下特色经济、移民就业、素质教育、现代营销结合起来。具体来说，主要表现在以下几个方面。

一是要持续地提高广大基层干部和农民群众的绿色循环发展素质。一方面要加强基层干部和农民群众的素质教育与科技培训，另一方面要有计划地强化绿色循环发展方面的基础教育。

二是要把坡耕地退耕还林与水源地保护、移民及培训就业、近河岸带高效绿色农业、特色林下经济、现代营销等相结合，一揽子解决生态保护、农产品供应保障、农民就业等问题。特别是林下经济，需要进行大力拓展。秦巴山脉适宜种植粮食和经济作物的大块土地资源缺乏，而山林地、果林地面积巨大，加之多年退耕还林措施的实施，更使山林地、果林地面积增加，山区农民平均每人占有山林地、果林地100亩左右。山区农民经济困难的主要原因之一就是只注重山林地、果林地在发挥生态环境保护方面的作用，而没有利用大量山地、林地在其他方面的作用，没有在发挥生态环境保护作用的同时也发挥它的经济作用。传统中药材产地主要集中在山区，秦岭山区是中药材资源的宝库，适宜在山区及林下生

---

① 指农村留守的妇女、儿童、老人。

长的中药材种类众多，长期以来，山区农民只注重采挖而不注重种源的繁殖与保护生产，使中药材资源不断减少，药材价格上升，进而影响中医药产业发展，影响人们的身体健康。山林地和果林地的林果树木直接占地面积只有1/3~2/3，剩余林间空闲地占1/3~2/3，如果把这1/3~2/3的剩余林间空闲地利用起来，种植成中药材，既保护了环境，又使农民有经济收入。

三是要倾力打造一批"秦巴山脉"农产品知名品牌，提升农产品的影响力。例如，陕西汉中的富硒茶叶、大米、面粉、柑橘、蔬菜、油菜、矿泉水、烟叶等；河南西峡的食用菌、南召的柞蚕；甘肃陇南的油橄榄、花椒等，定西的土豆、武都的油橄榄；重庆城口的"生态药谷"；四川的"雪梨之乡"，都非常富有特色，进一步打造必然会焕发青春活力。

四是要积极探索并加快推进绿色循环农业产业化进程。要依托本区良好的生态环境，建立激励与促进绿色循环发展的模式与机制体制，积极发展种养结合、林下养殖等绿色循环农业，走生态、绿色、有机发展之路，生产出真正安全、放心的绿色农产品，实现绿色循环产业的有序发展和规模扩展，拓宽群众增收致富的渠道。

五是建立秦巴山脉国家级清洁循环农业生产示范区（农业绿色循环发展基地、秦巴山脉特色农产品现代营销网络平台）。要按照依法、自愿、有偿的原则，统一规划、合理布局，加快土地流转，提高土地集约化经营水平，便于建立农业科技示范园区。积极申请农产品地理标志，实施推行农产品溯源地跟踪技术，保障农产品生产前、后均达到绿色标准。

新闻报道1

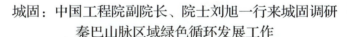

城固：中国工程院副院长、院士刘旭一行来城固调研
秦巴山脉区域绿色循环发展工作

　　5月24日，中国工程院副院长、院士刘旭一行来城固调研秦巴山脉区域绿色循环发展工作，调研组一行先后到汉中山花茶业有限公司茶叶种植基地、汉中顺鑫鹏程食品有限公司食品加工厂、汉中天梦生物肥料有限责任公司有机肥生产线、陕西天然谷生物科技股份有限公司中药萃取、城固县榛旺乌鸡养殖专业合作社林下乌鸡养殖场等农业产业化企业，每到一处，都深入田间地头、饲养圈舍，听取种养企业负责人的情况汇报，刘院士对我县发展的种养循环模式给予了高度的评价，并对当前发展种养结合、林下养殖等绿色循环农业提出了希望和要求。

　　市政府副秘书长王松柏、市农业局副局长王友民、县政府副县长李国鸿、县林业局局长陈世华、县农业局副局长张世强等陪同调研。

新闻报道2

梅旭荣在我县调研秦巴山脉区域绿色产业循环发展工作

5月26日，中国农业科学院科技局局长梅旭荣带领调研组在我县调研秦巴山脉区域绿色产业循环发展工作。市农业局副局长刘虎、市林业局副局长邢新满、副县长吴大林陪同调研。

调研组一行先后深入大贵镇儒林堡村高效密植茶叶基地、长安镇高峰村高效密植茶叶基地及城关镇龙头村等地进行实地查看，详细了解我县以茶饮产业为主导产业的绿色农业循环发展工作情况。

　　调研组对我县的工作给予了高度评价，并指出，我县要继续加快推进农业产业化进程，系统谋划产业发展规划、研究产业发展问题、制订产业发展方案，推进产业高质量健康向前发展。要依托良好的生态资源环境，研究建立促进产业发展的机制体制，发展好农业产业以及种养结合、林下养殖等绿色循环农业，实现产业的有序发展和规模扩展，拓宽群众增收致富的渠道。要走生态、绿色、有机发展之路，生产出真正安全、放心的绿色农产品，创建具有平利特色的有机品牌，全面提升农业产业附加值。

附件4：秦巴山脉2014年主要统计数据汇总

附表4-1　　五省一市秦巴片区人口情况（单位：万人）

地区	总人口	常住人口	农村人口	农村劳动力	农业从业人口
重庆市秦巴片区	732.78	549.14	507.36	306.36	119.31
湖北省秦巴片区	780.99	753.99	523.26	298.85	111.03
陕西省秦巴片区	1 367.00	1 240.15	1 022.21	643.79	266.95
河南省秦巴片区	1 322.53	1 146.39	888.49	658.08	411.23
四川省秦巴片区	1 726.80	1 411.71	1 352.80	709.03	407.49
甘肃省秦巴片区	564.19	519.16	472.15	257.63	152.69
秦巴片区合计	6 494.29	5 620.54	4 766.27	2 873.74	1 468.70
地市级合计	13 370.62	12 043.62	9 285.38	5 238.31	2 588.65
五省一市合计	35 773.88	32 684.70	24 734.20	14 177.37	7 382.17

　　注：地级市合计指包含秦巴区域的各省市、地级市

附表4-2　重庆市秦巴片区人口情况（单位：万人）

地区	总人口	常住人口	农村人口	农村劳动力	农业从业人口
重庆市	3 375.20	2 991.40	2 246.31	1 312.96	562.53
重庆市秦巴片区	732.78	549.14	507.36	306.36	119.31
万州区	175.77	160.46	120.57	70.27	31.25
城口县	25.26	18.83	16.81	10.84	4.50
开县[1]	168.77	116.76	119.63	79.71	29.64
云阳县	135.96	89.87	98.24	45.32	10.32
奉节县	107.53	77.39	72.05	45.10	17.30
巫山县	64.64	46.60	43.31	29.31	14.80
巫溪县	54.85	39.23	36.75	25.81	11.50

1）现为开州区

附表4-3　湖北省秦巴片区人口情况（单位：万人）

地区	总人口	常住人口	农村人口	农村劳动力	农业从业人口
湖北省	6 162.3	5 816	4 110.29	2 308.72	865.21
地市级合计	950.35	904.96	636.73	361.8	133.10
湖北省秦巴片区	780.99	753.99	523.26	298.85	111.03
十堰市	346.97	337.27	232.47	137.78	52.83
十堰市秦巴片区	346.97	337.27	232.47	137.78	52.83
襄阳市	595.45	560.02	398.95	221.32	77.58
襄阳市秦巴片区	426.09	409.05	285.48	158.37	55.51
神农架林区	7.93	7.67	5.31	2.70	2.69

注：地级市合计指包含秦巴区域的地级市

附表4-4　陕西省秦巴片区人口情况（单位：万人）

地区	总人口	常住人口	农村人口	农村劳动力	农业从业人口
陕西省	3 775.04	3 775.12	2 333.25	1 256.44	779.14
地市级合计	2 702.64	2 614.80	1 837.70	971.35	378.81
陕西省秦巴片区	1 367.00	1 240.15	1 022.21	643.79	266.95
西安市	815.29	862.75	503.85	257.96	110.51
西安市秦巴片区	300.83	277.06	195.85	158.96	78.65
宝鸡市	383.84	375.32	237.21	16.42	5.75
宝鸡市秦巴片区	47.24	46.08	29.19	21.46[1]	7.51[1]
渭南市	561.43	534.30	346.96	269.35	94.27
渭南市秦巴片区	76.85	74.58	47.49	35.75	12.51
商洛市	251.74	235.08	155.58	105.17	36.81
汉中市	384.13	343.15	237.39	171.21	59.92
安康市	306.21	264.20	356.71	151.24	71.55

1）相应秦巴片区的数据大于市级的数据，是因为数据是由不同渠道汇总而来的，存在统计误差
注：地级市合计指包含秦巴区域的地级市

附表4-5　河南省秦巴片区人口情况（单位：万人）

地区	总人口	常住人口	农村人口	农村劳动力	农业从业人口
河南省	10 601.05	9 413.32	7 466.43	4 851.41	2 540.74
地市级合计	2 627.59	2 369.76	1 624.41	1 187.32	668.83
河南省秦巴片区	1 322.53	1 146.39	888.49	658.08	411.23
洛阳市	692.32	661.51	475.70	294.32	147.41
洛阳市秦巴片区	258.18	229.90	258.10	137.89	80.59
平顶山市	537.52	495.72	265.85	243.15	141.34
平顶山市秦巴片区	180.48	154.12	106.93	97.91	59.99
南阳市	1 170.96	1 009.13	722.83	554.77	317.64
南阳市秦巴片区	737.04	633.26	396.65	353.89	220.33
三门峡市	226.79	203.40	160.03	95.08	62.44
三门峡市秦巴片区	146.83	129.11	126.81	68.39	50.32

注：地级市合计指包含秦巴区域的地级市

附表4-6　四川省秦巴片区人口情况（单位：万人）

地区	总人口	常住人口	农村人口	农村劳动力	农业从业人口
四川省	9 132.61	8 107.32	6 500.26	3 324.33	1 955.79
地市级合计	2 694.40	2 236.84	2 069.90	934.40	557.14
四川省秦巴片区	1 726.80	1 411.71	1 352.80	709.03	407.49
达州市	687.60	551.28	548.00	257.96	164.17
达州市秦巴片区	431.80	346.71	336.60	164.55	93.50
巴中市	390.20	331.72	312.10	132.55	87.97
巴中市秦巴片区	390.20	331.72	312.10	132.55	87.97
广元市	310.20	254.50	238.00	125.12	82.54
广元市秦巴片区	310.20	254.50	238.00	125.12	88.82[1]
绵阳市	547.40	467.64	389.40	216.10	108.62
绵阳市秦巴片区	169.80	147.73	123.60	108.47	40.17
南充市	759.00	631.70	582.40	202.67	113.84
南充市秦巴片区	424.80	331.05	342.50	178.34	97.03

1）相应秦巴片区的数据大于市级的数据，是因为数据是由不同渠道汇总而来的，存在统计误差
注：地级市合计指包含秦巴区域的地级市

附表4-7　甘肃省秦巴片区人口情况（单位：万人）

地区	总人口	常住人口	农村人口	农村劳动力	农业从业人口
甘肃省	2 727.78	2 582.18	2 077.97	1 123.98	678.90
地市级合计	1 020.46	933.67	875.63	473.20	290.93
甘肃省秦巴片区	564.19	519.16	472.15	257.63	152.69
陇南市	282.77	257.52	246.43	133.00	77.18
陇南市秦巴片区	282.77	257.52	246.43	133.00	77.18
天水市	363.00	329.30	307.76	165.00	97.71
天水市秦巴片区	129.81	121.13	90.95	47.04	27.04
定西市	300.12	277.07	265.18	143.96	93.87
定西市秦巴片区	104.31	97.58	95.80	55.88	34.18
甘南藏族自治州	74.57	69.78	56.26	31.24	22.17
甘南藏族自治州秦巴片区	47.30	42.93	38.97	21.71	14.29

注：地级市合计指包含秦巴区域的地级市

附表4-8　五省一市秦巴片区耕地及农作物播种情况（单位：公顷）

地区	耕地面积	灌溉面积	农作物播种面积	粮食作物播种面积	谷类播种面积	豆类播种面积
五省一市秦巴片区	3 198 808	155 740	6 559 745	4 189 622	2 076 093	329 756
重庆市秦巴片区	409 898	155 740	870 012	587 039	168 066	54 433
湖北省秦巴片区	421 500	—	1 082 051	744 406	—	27 105
陕西省秦巴片区	728 070	—	1 524 980	962 353	537 800	106 835
河南省秦巴片区	1 022 201	—	1 862 644	1 219 651	1 079 048	83 578
四川省秦巴片区	51 393		129 805	102 567	—	1 626
甘肃省秦巴片区	565 746	—	1 090 253	573 606	291 179	56 179

地区	薯类播种面积	油料播种面积	烟叶播种面积	蔬菜播种面积	茶叶播种面积	水果播种面积
五省一市秦巴片区	724 553	731 124	170 925	737 886	196 403	525 018
重庆市秦巴片区	273 573	68 888	13 612	124 613	8 485	102 798
湖北省秦巴片区	35 623	128 814	71 530	137 182	60 071	68 750
陕西省秦巴片区	178 107	172 771	26 320	201 539	121 388	138 043
河南省秦巴片区	57 025	293 041	57 152	202 513	2 595	151 418
四川省秦巴片区	24 619	18 737	851	16 059	3 864	4 779
甘肃省秦巴片区	155 606	48 873	1 460	55 980	—	59 230

注："—"表示数据不详或未做统计汇总

附表4-9　重庆市秦巴片区耕地及农作物播种情况（单位：公顷）

地区	耕地面积	灌溉面积	农作物播种面积	粮食作物播种面积	谷类播种面积	豆类播种面积	薯类播种面积	油料播种面积	烟叶播种面积	蔬菜播种面积	茶叶播种面积	水果播种面积
重庆市	2 455 878	677 300	3 540 352	2 242 522	1 276 878	237 507	728 137	299 962	45 964	708 068	37 710	315 380
重庆市秦巴片区	409 898	155 740	870 012	587 039	168 066	54 433	273 573	68 888	13 612	124 613	8 485	102 798
万州区	66 091	34 420	176 836	112 879	59 400	11 194	42 285	10 105	1 220	43 610	1 700	26 590
城口县	24 667	949	57 761	31 838	—	2 647	15 057	1 735	58	5 179	1 030	549
开县[1]	98 398	20 600	178 016	126 772	61 259	9 646	55 866	16 201	473	18 675	685	20 525
云阳县	60 679	26 627	132 386	99 008	47 407	8 047	43 554	8 953	210	23 351	1 526	23 313
奉节县	59 674	15 374	137 318	91 934	—	7 786	43 554	13 217	3 285	16 000	1 214	15 760
巫山县	47 705	54 813	92 867	61 887	—	9 011	44 095	12 556	5 175	9 518	550	10 950
巫溪县	52 684	2 957	94 828	62 721	—	6 102	29 162	6 121	3 191	8 280	1 780	5 111

1）现为开州区
注："—"表示数据不详或未做统计汇总

附表4-10　湖北省秦巴片区耕地及农作物播种情况（单位：公顷）

地区	耕地面积	农作物播种面积	粮食作物播种面积	谷类播种面积	豆类播种面积	薯类播种面积	油料播种面积	烟叶播种面积	蔬菜播种面积	茶叶播种面积	水果播种面积
湖北省	4 664 121	8 112 260	4 370 340	—	86 670	87 110	1 226 300	39 170	1 173 520	3 038 000	432 260
地市级合计	643 870	1 447 781	1 040 576		28 345	39 074	154 424	72 760[1]	152 862	79 650	88 329
湖北省秦巴片区	421 500	1 082 051	744 406		27 105	35 623	128 814	71 530[2]	137 182	60 071	68 750
十堰市	186 870	472 270	277 180		21 970	27 240	80 190	64 875	73 950	45 688	55 240
十堰市秦巴片区	173 660	472 270	277 180		21 970	27 240	80 190	64 875	73 950	45 688	55 240
襄阳市	452 200	964 860	756 790		5 300	9 570	72 960	7 560	76 390	32 992	32 992
襄阳市秦巴片区	243 040	599 130	460 620		4 060	6 119	47 350	6 330	60 710	13 413	13 413
神农架林区	4 800	10 651	6 606		1 075	2 264	1 274	325	2 522	970	97

1）地市级数据大于省级的数据，是因为数据是由不同渠道汇总而来的，存在统计误差
2）相应秦巴片区的数据大于市级的数据，是因为数据是由不同渠道汇总而来的，存在统计误差
注："—"表示数据不详或未做统计汇总

附表4-11　陕西省秦巴片区耕地及农作物播种情况（单位：公顷）

地区	耕地面积	农作物播种面积	粮食作物播种面积	谷类播种面积	豆类播种面积	薯类播种面积	油料播种面积	烟叶播种面积	蔬菜播种面积	茶叶播种面积	水果播种面积
陕西省	2 865 990	4 262 130	3 076 470	2 472 500	112 450	617 340	300 830	32 710	502 610	121 390	1 224 530
地市级合计	1 585 830	2 761 750	1 960 070	1 720 750	121 507[1]	190 252	213 120	29 620	350 870	121 388	388 144
陕西省秦巴片区	728 070	1 524 980	962 353	537 800	106 835	178 107	172 771	26 320	201 539	121 388	138 043
西安市	240 490	466 320	367 640	360 300	7 140	6 322	4 690	0	67 700	0	54 152

续表

地区	耕地面积	农作物播种面积	粮食作物播种面积	谷类播种面积	豆类播种面积	薯类播种面积	油料播种面积	烟叶播种面积	蔬菜播种面积	茶叶播种面积	水果播种面积
西安市秦巴片区	152 985	294 014	185 133	——	9 384[2]	3 140	3 467	0	32 779	0	39 451
宝鸡市	298 360	419 210	332 970	322 820	9 200	5 146	10 800	3 300	50 530	7	76 866
宝鸡市秦巴片区	39 245	51 416	30 740	——	1 324	1 136	1 194	0	13 530	7	24 721
渭南市	511 140	696 670	512 980	499 830	9 040	4 953	29 520	10	77 410	0	183 255
渭南市秦巴片区	47 286	89 457	58 837	——	2 574	744	3 726	0	21 204	0	2 470
商洛市	133 390	283 810	209 530	156 910	30 627	45 696	11 910	9 320	20 640	21 071	4 368
汉中市	205 150	442 290	268 250	211 540	28 176	48 919	83 660	4 090	62 810	63 787	38 360
安康市	197 300	453 450	268 700	169 350	37 324	79 216	72 540	12 910	71 780	36 523	31 143

1）地市级数据大于省级的数据，是因为数据是由不同渠道汇总而来的，存在统计误差
2）相应秦巴片区的数据大于市级的数据，是因为数据是由不同渠道汇总而来的，存在统计误差
注："—"表示数据不详或未做统计汇总

附表4-12　河南省秦巴片区耕地及农作物播种情况（单位：公顷）

地区	耕地面积	农作物播种面积	粮食作物播种面积	谷类播种面积	豆类播种面积	薯类播种面积
河南省	7 926 374	14 379 099	10 209 820	9 408 470	453 670	347 680
地市级合计	1 753 513	3 348 127	2 295 606	2 044 958	141 021	109 627
河南省秦巴片区	1 022 201	1 862 644	1 219 651	1 079 048	83 578	57 025
洛阳市	435 090	699 214	522 111	459 960	31 889	30 262
洛阳市秦巴片区	226 471	365 708	255 440	214 170	23 990	17 280
平顶山市	323 660	535 768	412 265	382 303	11 950	18 012
平顶山市秦巴片区	127 530	212 901	165 674	156 485	4 629	4 560
南阳市	832 333	1 879 969	1 202 824	1 073 880	74 414	54 530
南阳市秦巴片区	561 867	1 130 175	691 783	619 531	40 901	31 351
三门峡市	162 430	233 176	158 406	128 815	22 768	6 823
三门峡市秦巴片区	106 333	153 860	106 754	88 862	14 058	3 834

地区	油料播种面积	烟叶播种面积	蔬菜播种面积	茶叶播种面积	水果播种面积
河南省	1 598 210	123 798	1 725 616	4 641	475 700
地市级合计	444 281	82 288	376 525	4 641	201 964
河南省秦巴片区	293 041	57 152	202 513	2 595	151 418
洛阳市	45 193	27 260	63 359	0	41 271
洛阳市秦巴片区	33 641	22 385	25 360	0	28 250
平顶山市	52 221	15 323	43 970	76	14 255
平顶山市秦巴片区	22 693	3 326	16 406	0	3 884
南阳市	333 618	22 208	238 520	4 565	79 498
南阳市秦巴片区	231 935	17 537	141 636	2 595	62 741
三门峡市	13 249	17 497	30 676	0	66 940
三门峡市秦巴片区	4 772	13 904	19 111	0	56 543

附表4-13　四川省秦巴片区耕地及农作物播种情况

地区	耕地面积	农作物播种面积	粮食作物播种面积	豆类播种面积	薯类播种面积
四川省/公顷	3 993 826	9 682 200	6 465 400	471 300	1 240 300
四川省秦巴区/亩	770 892	1 947 075	1 538 498	24 387	369 284
达州市/亩	—	8 200 785	538 300	15 000	100 000
达州市秦巴片区/亩	180 717	376 027	509 360	8 392	104 317[1]
巴中市/亩	152 554	4 712 805	314 600	4 400	38 714
巴中市秦巴片区/亩	152 554	443 111	314 187	4 400	38 714
广元市/亩	168 772	3 878 220	256 200	6 600	147 929
广元市秦巴片区/亩	168 772	421 558	257 941[1]	6 600	147 929
绵阳市/亩	280 600	4 517 160	412 000	7 467	29 000
绵阳市秦巴片区/亩	98 940	231 177	145 470	4 995	22 305
南充市/亩	449 066	8 474 880	559 500	7 381	96 500
南充市秦巴片区/亩	169 909	475 202	311 540	—	56 019
地区	油料播种面积	烟叶播种面积	蔬菜播种面积	茶叶播种面积	水果播种面积
四川省/公顷	1 265 500	120 000	1 241 631	28 406	614 000
四川省秦巴片区/亩	281 050	12 765	240 886	57 963	71 681
达州市/亩	126 439	5 245	89 933	15 124	26 667
达州市秦巴片区/亩	74 900	4 552	57 233	14 340	12 526
巴中市/亩	68 660	1 747	44 613	10 437	4 000
巴中市秦巴片区/亩	60 894	1 747	44 613	10 437	4 000
广元市/亩	77 069	6 031	55 413	19 909	25 867
广元市秦巴片区/亩	56 432	6 031	55 413	19 909	25 867
绵阳市/亩	138 241	10	73 600	13 393	26 067
绵阳市秦巴片区/亩	38 241	10	27 803	13 045	12 031
南充市/亩	145 986	650	136 200	232	42 467
南充市秦巴片区/亩	50 583	425	55 824	232	17 257

1）相应秦巴片区的数据大于市级的数据，是因为数据是由不同渠道汇总而来的，存在统计误差

注："—"表示数据不详或未做统计汇总

附表4-14　甘肃省秦巴片区耕地及农作物播种情况（单位：公顷）

地区	耕地面积	农作物播种面积	粮食作物播种面积	谷类播种面积	豆类播种面积	薯类播种面积
甘肃省	3 537 933	4 183 380	2 858 710	1 980 040	183 667	681 740
甘肃省秦巴片区	565 746	1 090 253	573 606	291 179	56 179	155 606
陇南市	286 393	424 246	312 740	182 227	43 500	87 010
陇南市秦巴片区	286 393	424 246	312 740	182 227	43 500	87 010
天水市	379 220	454 120	454 120	232 453	12 440	68 180
天水市秦巴片区	108 653	127 440	127 440	76 580	3 173	11 420

续表

地区	耕地面积	农作物播种面积	粮食作物播种面积	谷类播种面积	豆类播种面积	薯类播种面积
定西市	513 867	569 530	436 830	213 513	13 953	209 370
定西市秦巴片区	127 553	487 337	108 236	15 086	5 553	53 396
甘南藏族自治州	66 567	70 980	35 490	26 833	4 447	4 210
甘南藏族自治州秦巴片区	43 147	51 230	25 190	17 286	3 953	3 780

地区	油料播种面积	烟叶播种面积	蔬菜播种面积	茶叶播种面积	水果播种面积	
甘肃省	336 850	4 313	481 870	10 826	451 800	
甘肃省秦巴片区	48 873	1 460	55 980	—	59 230	
陇南市	21 980	1 400	36 310	—	29 900	
陇南市秦巴片区	21 980	1 400	36 310	—	29 900	
天水市	50 150	40	63 860	—	82 370	
天水市秦巴片区	17 440	20	12 520	—	26 790	
定西市	16 210	0	32 170	—	8 960	
定西市秦巴片区	1 603	0	6 220	—	1 610	
甘南藏族自治州	12 010	40	1 010	—	950	
甘南藏族自治州秦巴片区	7 850	40	930	—	930	

注："—"表示数据不详或未做统计汇总

附表4-15　五省一市秦巴片区主要农作物产量（单位：吨）

地区	粮食产量	谷物产量	豆类产量	薯类产量	油料产量
五省一市秦巴片区	24 803 506	6 382 286	1 547 461	3 727 584	2 634 231
重庆市秦巴片区	2 529 730	957 963	91 394	996 492	121 696
湖北省秦巴片区	4 140 379	—	59 666	180 443	369 048
陕西省秦巴片区	3 901 319	—	148 872	559 428	374 700
河南省秦巴片区	5 357 065	4 920 238	141 961	294 866	1 035 861
四川省秦巴片区	7 091 522	—	992 533	1 190 030	652 425
甘肃省秦巴片区	1 783 491	504 085	113 035	506 325	80 501

地区	烟叶产量	蔬菜产量	茶叶产量	水果产量	柑橘产量
五省一市秦巴片区	280 769	29 816 143	97 323	8 598 628	2 577 554
重庆市秦巴片区	25 251	2 554 128	3 262	1 321 047	893 175
湖北省秦巴片区	32 003	3 935 033	25 018	651 760	386 358
陕西省秦巴片区	58 166	6 464 103	49 128	1 987 496	424 227
河南省秦巴片区	133 869	8 661 620	999	3 059 488	47 197
四川省秦巴片区	27 976	7 185 616	18 916	1 061 030	826 597
甘肃省秦巴片区	3 504	1 015 643	—	517 807	—

注："—"表示数据不详或未做统计汇总

附表4-16　重庆市秦巴片区主要农作物产量（单位：吨）

地区	粮食产量	谷物产量	豆类产量	薯类产量	油料产量
重庆市	11 445 400	7 968 368	466 032	3 010 996	569 400
重庆市秦巴片区	2 529 730	957 963	91 394	996 492	121 696
万州区	524 091	357 655	20 782	145 654	18 204
城口县	101 737	—	4 101	44 067	3 265
开县[1]	601 190	346 579	17 371	237 240	29 569
云阳县	423 960	253 729	12 908	157 323	17 340
奉节县	428 842	—	14 712	190 665	25 347
巫山县	229 381	—	10 751	116 166	16 928
巫溪县	220 529	—	10 769	105 377	11 043

地区	烟叶产量	蔬菜产量	茶叶产量	水果产量	柑橘产量
重庆市	84 391	16 891 140	33 800	3 476 148	2 072 409
重庆市秦巴片区	25 251	2 554 128	3 262	1 321 047	893 175
万州区	1 890	952 558	670	337 515	252 493
城口县	59	49 886	331	2 160	0
开县[1]	900	415 659	500	405 351	201 400
云阳县	625	437 296	510	188 835	160 000
奉节县	7 435	272 525	375	304 630	241 171
巫山县	8 591	223 581	360	71 681	34 051
巫溪县	5 751	202 623	516	10 875	4 060

1）现为开州区
注："—"表示数据不详或未做统计汇总

附表4-17　湖北省秦巴片区主要农作物产量（单位：吨）

地区	粮食产量	豆类产量	薯类产量	油料产量	烟叶产量	蔬菜产量	茶叶产量	水果产量	柑橘产量
湖北省	25 841 600	195 800	3 010 996	3 417 300	88 100	35 783 101	222 000	6 142 500	4 371 200
地市级合计	6 238 200	64 053	208 635	383 840	34 346	4 751 243	25 325	978 362	403 050
湖北省秦巴片区	4 140 379	59 666	180 443	369 048	32 003	3 935 033	25 018	651 760	386 358
十堰市	1 178 900	45 898	132 224	133 700	19 432	1 580 729	14 300	388 700	350 114
十堰市秦巴片区	1 178 900	45 898	132 224	133 700	19 432	1 580 729	14 300	388 700	350 114
襄阳市	5 037 200	17 455	67 111	249 740	14 272	3 128 125	10 941	589 392	52 726
襄阳市秦巴片区	2 939 379	13 068	38 919	234 948	11 929	2 311 915	10 634	262 790	36 034
神农架林区	22 100	700	9 300	400	642	42 389	84	270	210

附表4-18　陕西省秦巴片区主要农作物产量（单位：吨）

地区	粮食产量	豆类产量	薯类产量	油料产量	烟叶产量	蔬菜产量	茶叶产量	水果产量	柑橘产量
陕西省	11 977 800	249 500	867 600	622 994	71 967	17 246 800	49 128	15 539 800	503 630
地市级合计	7 659 300	194 305	630 530	461 250	64 458	10 929 500	49 128	5 946 648	424 227
陕西省秦巴片区	3 901 319	148 872	559 428	374 700	58 166	6 464 103	49 128	1 987 496	424 227

续表

地区	粮食产量	豆类产量	薯类产量	油料产量	烟叶产量	蔬菜产量	茶叶产量	水果产量	柑橘产量
西安市	1 756 100	23 754	55 552	9 785	0	3 162 800	0	996 570	0
西安市秦巴片区	1 117 341	22 940	36 675	7 899	0	1 229 292	0	706 395	0
宝鸡市	1 443 200	18 499	20 011	19 236	6 283	1 363 600	0	1 319 702	0
宝鸡市秦巴片区	154 967	1 889	3 377	2 042	0	582 442	0	525 814	0
渭南市	2 060 100	31 331	43 565	73 583	9	2 388 100	0	2 920 632	0
渭南市秦巴片区	229 111	3 322	7 974	6 113	0	637 369	0	45 543	0
商洛市	522 000	40 633	149 404	21 609	18 323	471 300	2 340	67 201	2 021
汉中市	1 017 500	27 527	137 336	189 144	11 346	2 143 400	33 025	430 669	337 809
安康市	860 400	52 561	224 662	147 893	28 497	1 400 300	13 763	211 874	84 397

附表4-19　河南省秦巴片区主要农作物产量（单位：吨）

地区	粮食产量	谷物产量	豆类产量	薯类产量	油料产量
河南省	57 723 000	56 046 000	590 000	1 087 000	5 843 341
河南省秦巴片区	5 357 065	4 920 238	141 961	294 866	1 035 861
洛阳市	2 112 295	1 912 447	25 234	174 614	114 282
洛阳市秦巴片区	935 304	827 222	18 527	89 555	91 919
平顶山市	1 714 603	1 611 481	21 371	81 751	127 433
平顶山市秦巴片区	654 399	622 836	9 586	21 977	48 264
南阳市	6 262 041	5 808 574	146 330	307 137	1 287 045
南阳市秦巴片区	3 371 168	3 126 948	84 711	159 509	885 609
三门峡市	597 062	507 212	44 485	45 365	29 419
三门峡市秦巴片区	396 194	343 232	29 137	23 825	10 069
地区	烟叶产量	蔬菜产量	茶叶产量	水果产量	柑橘产量
河南省	299 884	72 724 616	—	883 000	—
河南省秦巴片区	133 869	8 661 620	999	3 059 488[1]	47 197
洛阳市	61 434	2 694 088	0	782 055	0
洛阳市秦巴片区	47 124	1 091 256	0	528 810	0
平顶山市	28 036	2 311 437	4	102 449	0
平顶山市秦巴片区	6 474	912 199	0	36 381	0
南阳市	61 831	10 237 879	1 662	813 200	47 197
南阳市秦巴片区	48 378	5 860 973	999	662 356	47 197
三门峡市	39 251	1 102 278	0	2 080 503	0
三门峡市秦巴片区	31 893	797 192	0	1 831 941	0

1）秦巴片区的数据大于省级的数据，是因为数据是由不同渠道汇总而来的，存在统计误差
注："—"表示数据不详

附表4-20   四川省秦巴片区主要农作物产量（单位：吨）

地区	粮食产量	豆类产量	薯类产量	油料产量	烟叶产量	蔬菜产量	茶叶产量	水果产量	柑橘产量
四川省	33 156 972	921 000	4 797 000	2 904 439	250 700	37 502 858	219 500	7 187 300	3 436 200
四川省秦巴片区	7 091 522	992 533[1]	1 190 030	652 425	27 976	7 185 616	18 916	1 061 030	826 597
达州市	2 743 000	—	—	310 349	11 346	—	8 286	297 455	213 678
达州市秦巴片区	1 758 402	921 000	468 544	193 134	9 888	1 842 302	7 624	214 358	214 678[2]
巴中市	1 641 000	—	—	134 043	4 756	—	2 401	51 658	24 835
巴中市秦巴片区	1 672 875[2]	7 950	275 454	118 260	4 756	1 077 946	2 401	60 065[2]	24 835
广元市	1 321 000	—	—	200 949	11 331	—	6 024	340 490	80 793
广元市秦巴片区	1 352 017[2]	17 601	154 565	122 329	11 331	1 930 459	6 024	350 388[2]	80 783
绵阳市	2 152 000	—	—	338 338	18	—	3 260	212 323	100 818
绵阳市秦巴片区	602 528	7 940	31 632	78 398	—	696 474	2 850	166 477	100 818
南充市	3 017 000	—	—	369 328	2 493	—	17	530 006	405 483
南充市秦巴片区	1 705 700	38 042	259 835	140 304	1 999	1 638 435	17	269 742	405 483

1）秦巴片区的数据大于省级的数据，是因为数据是由不同渠道汇总而来的，存在统计误差
2）相应秦巴片区的数据大于市级的数据，是因为数据是由不同渠道汇总而来的，存在统计误差
注："—"表示数据不详或未做统计汇总

附表4-21   甘肃省秦巴片区主要农作物产量（单位：吨）

地区	粮食产量	谷物产量	豆类产量	薯类产量	油料产量	烟叶产量	蔬菜产量	水果产量
甘肃省	11 389 000	8 591 309	351 691	2 446 000	697 200	14 500	15 787 159	3 913 700
甘肃省秦巴片区	1 783 491	504 085	113 035	506 325	80 501	3 504	1 015 643	517 807
陇南市	1 060 307	73 322	82 438	244 547	32 374	3 429	518 548	123 540
陇南市秦巴片区	1 060 307	73 322	82 438	244 547	32 374	3 429	518 548	123 540
天水市	1 177 650	913 423	30 054	234 173	77 912	61	2 171 248	1 051 642
天水市秦巴片区	363 336	314 530	6 848	41 913	29 942	22	385 964	376 387
定西市	1 532 363	831 278	25 727	675 358	29 566	0	622 579	52 562
定西市秦巴片区	294 773	70 761	15 315	208 697	4 518	0	93 585	9 111
甘南藏族自治州	88 076	66 186	9 412	12 478	19 974	53	19 387	8 807
甘南藏族自治州秦巴片区	65 075	45 472	8 434	11 168	13 667	53	17 546	8 769

附表4-22　五省一市秦巴片区主要农业产值、GDP、人均GDP及农村居民可支配收入

地区	农林牧渔服务业总产值/万元	农业产值/万元	林业产值/万元	牧业产值/万元	渔业产值/万元	服务业产值/万元	GDP/万元	人均GDP/元	农村居民可支配收入/元
五省一市秦巴片区	41 368 303	22 895 635	1 479 111	14 188 937	1 088 431	1 132 414	160 508 837	26 115	7 084
重庆市秦巴片区	3 231 128	1 963 268	143 553	978 428	101 411	44 466	16 169 758	24 956	7 725
湖北省秦巴片区	9 813 423	4 847 249	204 359	4 014 993	447 329	299 695	43 503 200	36 810	8 842
陕西省秦巴片区	9 390 757	5 330 519	393 008	2 636 688	121 852	401 449	34 061 600	30 537	8 175
河南省秦巴片区	7 339 542	4 650 923	354 049	1 938 328	100 940	219 999	32 350 805	30 342	6 728
四川省秦巴片区	9 746 397	4 724 827	320 931	4 233 404	313 693	153 542	28 123 706	18 747	5 773
甘肃省秦巴片区	1 847 056	1 378 849	63 211	387 096	3 206	13 263	6 299 768	9 699	3 536

附表4-23　重庆市秦巴片区主要农业产值、GDP、人均GDP及农村居民可支配收入

地区	农林牧渔服务业总产值/万元	农业产值/万元	林业产值/万元	牧业产值/万元	渔业产值/万元	服务业产值/万元	GDP/万元	人均GDP/元	农村居民可支配收入/元
重庆市	15 949 591	9 678 717	535 593	4 863 605	649 279	222 398	142 626 000	47 850	9 489
重庆市秦巴片区	3 231 128	1 963 268	143 553	978 428	101 411	44 466	16 169 758	24 956	7 725
万州区	814 526	532 648	31 071	195 309	43 063	12 435	7 712 188	48 201	9 562
城口县	105 437	46 934	9 041	47 256	1 627	579	460 039	24 283	6 491
开县[1]	736 554	446 848	21 596	229 760	30 269	8 081	3 001 665	25 771	9 097
云阳县	553 113	345 904	23 128	164 190	11 171	8 719	1 701 867	18 908	8 084
奉节县	523 318	349 312	8 041	146 233	12 240	7 491	1 814 112	23 274	7 513
巫山县	281 834	139 772	27 597	109 004	1 359	4 102	812 686	17 369	6 935
巫溪县	216 346	101 850	23 079	86 676	1 682	3 059	667 201	16 889	6 392

1）现为开州区

附表4-24　湖北省秦巴片区主要农业产值、GDP、人均GDP及农村居民可支配收入

地区	农林牧渔服务业总产值/万元	农业产值/万元	林业产值/万元	牧业产值/万元	渔业产值/万元
湖北省	54 528 000	27 617 000	1 570 000	14 276 000	8 442 000
湖北省秦巴片区	9 813 423	4 847 249	204 359	4 014 993	447 329
十堰市秦巴片区	2 731 100	1 569 549	117 959	879 654	150 186
襄阳市秦巴片区	7 044 600	3 255 300	83 200	3 123 600	296 900

续表

地区	农林牧渔服务业总产值/万元	农业产值/万元	林业产值/万元	牧业产值/万元	渔业产值/万元
神农架林区	37 723	22 400	3 200	11 739	243

地区	服务业产值/万元	GDP/万元	人均GDP/元	农村居民可支配收入/元
湖北省	2 623 000	273 792 200	47 124	10 849
湖北省秦巴片区	299 695	43 503 200	36 810	8 842
十堰市秦巴片区	13 782	12 008 200	32 173	7 064
襄阳市秦巴片区	285 500	31 292 600	53 028	12 543
神农架林区	413	202 400	25 228	6 920

附表4-25   陕西省秦巴片区主要农业产值、GDP、人均GDP及农村居民可支配收入

地区	农林牧渔服务业总产值/万元	农业产值/万元	林业产值/万元	牧业产值/万元	渔业产值/万元
陕西省	27 418 168	17 147 882	676 185	6 436 731	177 625
地市级合计	—	—	—	—	—
陕西省秦巴片区	9 390 757	5 330 519	393 008	2 636 688	121 852
西安市	3 672 101	2 173 363	80 199	863 902	22 773
西安市秦巴片区	1 930 256	1 209 507	67 810	410 034	12 446
宝鸡市	2 809 042	1 451 050	85 778	988 080	10 049
宝鸡市秦巴片区	573 063	386 113	18 686	103 708	2 694
渭南市	3 844 624	2 538 700	69 029	789 021	28 192
渭南市秦巴片区	335 699	223 662	8 409	64 511	4 740
商洛市	1 659 191	833 829	86 161	579 499	3 845
汉中市	3 255 057	1 742 627	127 383	1 026 821	42 084
安康市	1 637 491	934 781	84 559	452 115	56 043

地区	服务业产值/万元	GDP/万元	人均GDP/元	农村居民可支配收入/元
陕西省	1 186 628	176 899 400	46 929	7 932
地市级合计	—	—	35 684	8 304[1]
陕西省秦巴片区	401 449	34 061 600	30 537	8 175
西安市	288 668	54 926 400	63 749	14 462
西安市秦巴片区	11 302	6 363 500	49 087	9 911
宝鸡市	104 956	16 429 000	43 824	9 421
宝鸡市秦巴片区	171 121[2]	2 673 500	33 744	8 463
渭南市	150 415	14 237 500	26 675	8 543

续表

地区	服务业产值/万元	GDP/万元	人均GDP/元	农村居民可支配收入/元
渭南市秦巴片区	11 742	2 352 000	20 540	8 241
商洛市	56 822	5 749 900	24 484	7 035
汉中市	111 789	10 028 300	29 252	7 933
安康市	38 673	6 894 400	26 117	7 468

1）地市级数据大于省级的数据，是因为数据是由不同渠道汇总而来的，存在统计误差
2）相应秦巴片区的数据大于市级的数据，是因为数据是由不同渠道汇总而来的，存在统计误差
注："—"表示数据不详或未做统计汇总

附表4-26　河南省秦巴片区主要农业产值、GDP、人均GDP及农村居民可支配收入

地区	农林牧渔服务业总产值/万元	农业产值/万元	林业产值/万元	牧业产值/万元	渔业产值/万元
河南省	71 980 800	42 023 000	1 523 500	24 862 800	935 200
地市级合计	—	—	—	—	—
河南省秦巴片区	7 339 542	4 650 923	354 049	1 938 328	100 940
洛阳市	4 309 000	2 269 540	405 933	1 346 352	51 429
洛阳市秦巴片区	2 150 383	1 155 299	291 466	552 312	7 099
平顶山市	—	1 352 945	100 870	1 341 498	49 252
平顶山市秦巴片区	1 145 045	610 811	27 781	473 555	26 388
南阳市	7 703 300	4 766 526	160 164	2 447 836	112 774
南阳市秦巴片区	2 748 541	1 835 111	8 366	710 603	56 626
三门峡市	1 719 929	1 278 833	32 533	383 833	16 090
三门峡市秦巴片区	1 295 573	1 049 702	26 436	201 858	10 827

地区	服务业产值/万元	GDP/万元	人均GDP/元	农村居民可支配收入/元	
河南省	2 633 400	321 558 600	34 174	9 966	
地市级合计	—	—	39 405[1]	8 738[1]	
河南省秦巴片区	219 999	32 350 805	30 342	6 728	
洛阳市	235 955	31 408 000	47 569	8 756	
洛阳市秦巴片区	144 207	7 396 972	36 628	6 742	
平顶山市	58 162	15 568 788	31 496	8 541	
平顶山市秦巴片区	6 510	3 045 206	24 252	6 577	
南阳市	216 000	24 852 200	24 692	8 729	
南阳市秦巴片区	62 532	15 123 271	19 013	6 721	
三门峡市	8 640	12 046 791	53 863	8 926	
三门峡市秦巴片区	6 750	6 785 356	41 475	6 873	

1）地市级数据大于省级的数据，是因为数据是由不同渠道汇总而来的，存在统计误差
注："—"表示数据不详或未做统计汇总

附表4-27   四川省秦巴片区主要农业产值、GDP、人均GDP及农村居民可支配收入

地区	农林牧渔服务业总产值/万元	农业产值/万元	林业产值/万元	牧业产值/万元	渔业产值/万元
四川省	56 202 600	29 034 800	1 794 300	22 675 600	1 637 739
地市级合计	—	—	—	—	—
四川省秦巴片区	9 746 397	4 724 827	320 931	4 233 404	313 693
达州市	4 214 000	2 320 000	125 000	1 602 000	105 000
达州市秦巴片区	2 609 477	1 442 032	80 568	985 710	62 023
巴中市	1 396 000	659 000	42 000	607 502	61 000
巴中市秦巴片区	1 395 586	658 790	42 149[1]	607 502	61 272[1]
广元市	1 669 000	796 000	55 000	711 000	71 000
广元市秦巴片区	1 669 000	795 991	54 274	711 051[1]	70 608
绵阳市	3 950 000	1 993 000	136 000	1 612 000	140 000
绵阳市秦巴片区	1 264 902	630 015	62 097	512 989	38 270
南充市	4 997 000	2 177 000	126 000	2 507 000	144 000
南充市秦巴片区	2 807 432	1 197 999	81 843	1 416 152	81 520

地区	服务业产值/万元	GDP/万元	人均GDP/元	农村居民可支配收入/元
四川省	923 000	262 607 700	32 454	9 348
地市级合计	—	—	24 346	7 498
四川省秦巴片区	153 542	28 123 706	18 747	5 773
达州市	—	12 454 100	22 632	8 001
达州市秦巴片区	—	8 206 097	17 427	6 161
巴中市	—	4 159 400	12 556	6 137
巴中市秦巴片区	—	4 159 422[1]	9 668	4 725
广元市	—	5 187 500	20 443	6 442
广元市秦巴片区	—	5 189 192[1]	15 741	4 960
绵阳市	—	14 551 200	31 237	9 257
绵阳市秦巴片区	—	4 084 261	24 052	7 128
南充市	—	13 285 500	34 863	7 650
南充市秦巴片区	—	6 484 734	26 845	5 891

1）相应秦巴片区的数据大于市级的数据，是因为数据是由不同渠道汇总而来的，存在统计误差

注：“—”表示数据不详或未做统计汇总

附表4-28　甘肃省秦巴片区主要农业产值、GDP、人均GDP及农村居民可支配收入

地区	农林牧渔服务业总产值/万元	农业产值/万元	林业产值/万元	牧业产值/万元	渔业产值/万元
甘肃省	15 177 423	11 044 719	225 330	2 533 899	20 062
地市级合计	—	—	—	—	—
甘肃省秦巴片区	1 847 056	1 378 849	63 211	387 096	3 206
陇南市	964 328	713 547	32 364	206 279	1 836
陇南市秦巴片区	964 328	713 547	32 364	206 279	1 836
天水市	1 387 471	1 177 954	19 564	182 642	1 119
天水市秦巴片区	353 918	311 075	2 698	38 825	464
定西市	1 219 769	955 428	10 688	207 370	1 589
定西市秦巴片区	367 511	291 451	5 474	68 063	891
甘南藏族自治州	311 773	72 915	28 283	206 794	31
甘南藏族自治州秦巴片区	161 299	62 776	22 675	73 929	15

地区	服务业产值/万元	GDP/万元	人均GDP/元	农村居民可支配收入/元
甘肃省	1 353 412	62 680 100	24 296	6 277
地市级合计	—	—	12 071	4 024
甘肃省秦巴片区	13 263	6 299 768	9 699	3 536
陇南市	10 300	2 495 048	9 699	35 361
陇南市秦巴片区	10 300	2 495 048	9 699	3 536
天水市	6 192	2 522 182	13 820	4 386
天水市秦巴片区	856	2 672 251[1]	9 106	4 355
定西市	44 694	4 543 365	9 591	4 085
定西市秦巴片区	1 631	662 374	8 733	3 833
甘南藏族自治州	3 751	1 088 928	15 658	4 090
甘南藏族自治州秦巴片区	476	470 095	12 073	3 730

1) 相应秦巴片区的数据大于市级的数据，是因为数据是由不同渠道汇总而来的，存在统计误差

注："—"表示数据不详或未做统计汇总

附表4-29　五省一市秦巴片区化肥、农药与地膜投入情况（单位：吨）

地区	肥料	氮肥	磷肥	钾肥	复合肥	农药	地膜
五省一市秦巴片区	2 976 899	1 168 397	420 870	214 896	867 388	52 773.1	83 019
重庆市秦巴片区	365 502	116 544	35 593	7 424	40 468	3 441	4 740
湖北省秦巴片区	531 105	256 116	103 273	29 505	148 699	13 045	6 063
陕西省秦巴片区	573 764	263 443	42 361	54 786	193 165	2 290	7 918
河南省秦巴片区	819 751	251 677	133 895	86 372	347 807	21 733.1	22 471
四川省秦巴片区	569 538	280 617	105 748	36 809	137 249	12 264	41 827
甘肃省秦巴片区	117 239	—	—	—	—	—	—

注："—"表示数据不详或未做统计汇总

附表4-30　重庆市秦巴片区化肥、农药与地膜投入情况（单位：吨）

地区	肥料	氮肥	磷肥	钾肥	复合肥	农药	地膜
重庆市	972 600	498 800	179 100	54 200	240 500	18 400	22 964
重庆市秦巴片区	365 502	116 544	35 593	7 424	40 468	3 441	4 740
万州区	40 618	26 188	9 938	812	3 680	1 108	1 304
城口县	5 546	4 105	528	55	858	54	48
开县[1]	217 440	29 322	8 040	2 633	17 950	813	1 069
云阳县	27 057	13 288	5 088	616	2 187	591	835
奉节县	28 378	19 825	1 638	851	5 964	658	855
巫山县	19 624	11 280	4 044	410	3 890	150	375
巫溪县	26 839	12 536	6 317	2 047	5 939	67	254

1）现为开州区

附表4-31　湖北省秦巴片区化肥、农药与地膜投入情况（单位：吨）

地区	肥料	氮肥	磷肥	钾肥	复合肥	农药	地膜
湖北省	3 482 700	1 528 189	646 119	312 662	1 032 366	127 152	38 162
湖北省秦巴片区	531 105	256 116	103 273	29 505	148 699	13 045	6 063
十堰市	134 600	62 523	21 177	9 410	41 448	2 882	3 418
十堰市秦巴片区	134 600	62 523	21 177	9 410	41 448	2 882	3 418
襄阳市	606 100	296 075	106 225	30 527	160 169	18 184	4 210
襄阳市秦巴片区	396 205	192 492	81 722	19 665	105 516	10 143	2 610
神农架林区	300	1 101	374	430	1 735	20	35

附表4-32　陕西省秦巴片区化肥、农药与地膜投入情况（单位：吨）

地区	肥料	氮肥	磷肥	钾肥	复合肥	农药	地膜
陕西省	2 301 891	986 900	184 500	233 300	1 012 600	12 998	21 377
地市级合计	—	—	—	—	—	—	—
陕西省秦巴片区	573 764	263 443	42 361	54 786	193 165	2 290	7 918
西安市	251 217	109 497	18 023	18 973	93 208	1 210	2 679
西安市秦巴片区	155 733	67 425	9 109	12 493	56 960	439	523
宝鸡市	253 936	124 019	33 927	24 270	80 231	1 296	1 693
宝鸡市秦巴片区	51 488	16 217	5 477	7 545	21 472	266	379
渭南市	657 838	226 636	35 293	51 590	287 032	5 306	12 654
渭南市秦巴片区	45 788	21 156	3 508	4 388	14 753	217	657
商洛市	58 220	29 908	1 430	3 372	24 272	153	1 394
汉中市	150 791	65 029	15 888	17 106	44 052	746	2 216
安康市	111 744	63 708	6 949	9 882	31 656	469	2 749

附表4-33　河南省秦巴片区化肥、农药与地膜投入情况（单位：吨）

地区	肥料	氮肥	磷肥	钾肥	复合肥	农药	地膜
河南省	6 963 700	2 435 100	1 211 500	638 600	2 678 500	130 100	167 800
河南省秦巴片区	819 751	251 677	133 895	86 372	347 807	21 733.1	22 471
洛阳市	239 057	83 982	38 619	25 607	90 849	2 269	4 714
洛阳市秦巴片区	118 237	36 537	15 928	13 163	52 609	4 537[1]	2 171
平顶山市	372 961.6	114 308.5	51 057	26 081.8	181 514.3	1 436	4 138.7
平顶山市秦巴片区	138 454	34 276	13 642	9 397	81 139	4 474[1]	1 361
南阳市	871 200	296 293	166 319	99 151	309 395	19 700	29 800
南阳市秦巴片区	492 353	158 044	93 926	53 321	187 062	10 306.1	16 360
三门峡市	99 114	28 193	12 250	12 240	46 231	2 952	3 662
三门峡市秦巴片区	70 707	22 820	10 399	10 491	26 997	2 416	2 579

1）相应秦巴片区的数据大于市级的数据，是因为数据是由不同渠道汇总而来的，存在统计误差

附表4-34　四川省秦巴片区化肥、农药与地膜投入情况（单位：吨）

地区	肥料	氮肥	磷肥	钾肥	复合肥	农药	地膜
四川省	2 511 434	1 260 928	503 000	177 000	550 000	59 954	88 310
四川省秦巴片区	569 538	280 617	105 748	36 809	137 249	12 264	41 827
达州市	217 400	124 600	36 100	15 800	38 800	4 530	10 903
达州市秦巴片区	124 028	62 651	21 099	10 590	29 681	1 970	16 198[1]
巴中市	142 600	67 800	24 100	11 200	39 500	2 240	7 681
巴中市秦巴片区	142 552	67 773	24 104[1]	11 157	39 486	2 240	7 681
广元市	120 400	58 400	23 700	9 100	20 800	2 727	9 447
广元市秦巴片区	120 425[1]	58 400	23 745[1]	9 125[1]	20 837[1]	2 727	9 447
绵阳市	217 100	99 500	57 800	9 800	43 900	5 141	9 219
绵阳市秦巴片区	61 006	31 627	9 871	2 091	17 327	1 902	2 180
南充市	224 000	115 900	53 600	10 700	42 600	5 571	11 626
南充市秦巴片区	121 527	60 166	26 929	3 846	29 918	3 425	6 321

1）相应秦巴片区的数据大于市级的数据，是因为数据是由不同渠道汇总而来的，存在统计误差

附表4-35　甘肃省秦巴片区化肥、农药与地膜投入情况（单位：吨）

地区	肥料	氮肥	磷肥	钾肥	复合肥	农药	地膜
甘肃省	974 100	403 000	175 100	81 800	287 200	77 800	165 791
甘肃省秦巴片区	117 239	—	—	—	—	—	—
陇南市	66 508	—	—	—	—	—	—
陇南市秦巴片区	66 508	—	—	—	—	—	—
天水市	78 628	—	—	—	—	—	—
天水市秦巴片区	22 931	—	—	—	—	—	—
定西市	91 713	—	—	—	—	—	—

续表

地区	肥料	氮肥	磷肥	钾肥	复合肥	农药	地膜
定西市秦巴片区	24 640	—	—	—	—	—	—
甘南藏族自治州	3 373	—	—	—	—	—	—
甘南藏族自治州秦巴片区	3 160	—	—	—	—	—	—

注："—"表示数据不详或未做统计汇总

附表4-36　五省一市秦巴片区人均耕地面积、粮食产量、农作物播种面积、油料产量、肉类产量、禽蛋产量与复种指数

地区	人均耕地面积/亩	人均粮食产量/千克	人均农作物播种面积/亩	油料产量/千克	肉类产量/千克	禽蛋产量/千克	复种指数
五省一市秦巴片区	0.91	468.29	1.93	59.64	65.27	15.04	213.79%
重庆市秦巴片区	0.84	345.22	1.78	16.61	63.03	9.15	212.25%
湖北省秦巴片区	0.81	530.14	2.08	47.25	78.46	0.03	256.71%
陕西省秦巴片区	0.80	285.39	1.67	27.41	64.99	19.68	209.46%
河南省秦巴片区	1.16	829.18	2.11	172.02	58.24	25.29	182.22%
四川省秦巴片区	0.67	410.67	1.69	37.78	78.10	16.70	252.57%
甘肃省秦巴片区	1.50	316.12	2.90	14.27	27.85	3.12	192.71%

附表4-37　五省一市秦巴片区畜牧业养殖情况（单位：吨）

地区	肉类产量	猪肉产量	禽肉产量	牛肉产量	奶类产量	禽蛋产量	蜂蜜产量	蚕茧产量
五省一市秦巴片区	4 355 668	3 256 320	473 093	629 992	497 027	1 191 646	17 619.50	35 167
重庆市秦巴片区	461 877	370 860	66 684	14 889	13 451	67 040	1 084	3 650
湖北省秦巴片区	729 427	496 375	146 063	88 264	8 930	215 110	2 565	2 473
陕西省秦巴片区	888 469	731 727	57 204	45 391	199 854	269 064	3 166.50	11 413
河南省秦巴片区	770 195	494 902	56 499	148 402	232 332	334 386	10 804	327
四川省秦巴片区	1 348 562	1 040 903	146 643	311 558	22 048	288 454	—	17 304
甘肃省秦巴片区	157 138	121 553	—	21 488	20 412	17 592	—	—

注："—"表示数据不详或未做统计汇总

附表4-38　重庆市秦巴片区畜牧业养殖情况（单位：吨）

地区	肉类产量	猪肉产量	禽肉产量	牛肉产量	奶类产量	禽蛋产量	蜂蜜产量	蚕茧产量
重庆市	2 142 054	1 585 394	366 400	83 592	56 900	432 100	17 854	17 700
重庆市秦巴片区	461 877	370 860	66 684	14 889	13 451	67 040	1 084	3 650
万州区	81 027	68 631	9 232	1 984	9 339	10 600	295	640
城口县	25 680	17 529	6 060	983	—	4 629	—	—
开县[1]	108 377	80 134	13 955	1 973	1 000	14 500	—	—
云阳县	82 628	64 353	24 835	5 671	304	19 335	789	1 670

续表

地区	肉类产量	猪肉产量	禽肉产量	牛肉产量	奶类产量	禽蛋产量	蜂蜜产量	蚕茧产量
奉节县	66 461	57 411	3 986	2 788	58	9 482	—	428
巫山县	46 091	39 689	3 133	707	600	5 278	—	212
巫溪县	51 613	43 113	5 483	783	2 150	3 216	—	700

1）现为开州区
注："—"表示数据不详或未做统计汇总

附表4-39　湖北省秦巴片区畜牧业养殖情况（单位：吨）

地区	肉类产量	猪肉产量	禽肉产量	牛肉产量	奶类产量	禽蛋产量	蜂蜜产量	蚕茧产量
湖北省	4 404 400	3 396 000	701 088	218 700	154 048	1 550 600	23 288	6 400
湖北省秦巴片区	729 427	496 375	146 063	88 264	8 930	215 110	2 565	2 473
十堰市	—	153 800	—	18 500	—	53 900	—	850
十堰市秦巴片区	215 783	149 047	49 425	17 311	2 253	49 577	2 179	1 662[1]
襄阳市	—	530 300	—	106 800	—	270 400	—	888
襄阳市秦巴片区	509 297	342 328	96 196	70 773	6 677	165 255	386	811
神农架林区	4 347	5 000	442	180	—	278	—	—

1）相应秦巴片区的数据大于市级的数据，是因为数据是由不同渠道汇总而来的，存在统计误差
注："—"表示数据不详或未做统计汇总

附表4-40　陕西省秦巴片区畜牧业养殖情况（单位：吨）

地区	肉类产量	猪肉产量	禽肉产量	牛肉产量	奶类产量	禽蛋产量	蜂蜜产量	蚕茧产量
陕西省	1 167 600	918 000	81 000	77 000	1 447 000	545 000	6 266	12 376
陕西省秦巴片区	888 469	731 727	57 204	45 391	199 854	269 064	3 166.50	11 413
西安市	144 209	97 995	20 887	12 288	514 587	135 919	250	—
西安市秦巴片区	86 853	65 501	—	6 595	101 530	71 796	—	—
宝鸡市	186 692	121 098	17 522	33 475	597 891	74 994	747	461
宝鸡市秦巴片区	31 713	21 614	—	2 093	66 497	4 765	—	—
渭南市	222 017	181 356	16 246	12 860	251 677	105 138	332.2	—
渭南市秦巴片区	19 515	15 649	—	1 098	18 370	10 473	—	—
商洛市	152 654	124 236	12 094	9 066	1 162	72 852	331.43	1 009
汉中市	316 589	273 662	23 179	14 926	12 213	71 434	1 539.79	1 588
安康市	281 145	231 065	21 931	11 613	82	37 744	1 295.28	8 816

注："—"表示数据不详或未做统计汇总

附表4-41　河南省秦巴片区畜牧业养殖情况（单位：吨）

地区	肉类产量	猪肉产量	禽肉产量	牛肉产量	奶类产量	禽蛋产量	蜂蜜产量	蚕茧产量
河南省	6 990 500	4 541 300	1 223 200	805 600	3 287 700	4 102 300	99 053	25 054
河南省秦巴片区	770 195	494 902	56 499	148 402	232 332	334 386	10 804	327
洛阳市	266 871	179 000	23 370	49 760	431 000	149 500	—	—
洛阳市秦巴片区	127 724	74 393	9 302	33 922	35 588	59 755	3 824	—

续表

地区	肉类产量	猪肉产量	禽肉产量	牛肉产量	奶类产量	禽蛋产量	蜂蜜产量	蚕茧产量
平顶山市	401 617	262 600	51 800	55 300	232 055	151 800	495	1 689
平顶山市秦巴片区	139 481	88 910	—	24 728	27 187	46 424	372	—
南阳市	724 587	480 400	70 510	136 000	329 300	341 000	31 395.96	21 701.14
南阳市秦巴片区	450 856	297 061	43 028	78 110	150 700	214 000	3 977	—
三门峡市	100 733	92 558	7 895	21 860	42 528	10 261	2 772	395
三门峡市秦巴片区	52 134	34 538	4 169	11 642	18 857	14 207[1]	2 631	327

1）相应秦巴片区的数据大于市级的数据，是因为数据是由不同渠道汇总而来的，存在统计误差
注："—"表示数据不详或未做统计汇总

附表4-42　四川省秦巴片区畜牧业养殖情况（单位：吨）

地区	肉类产量	猪肉产量	禽肉产量	牛肉产量	奶类产量	禽蛋产量	蜂蜜产量	蚕茧产量
四川省	6 899 900	5 102 400	245 200	307 900	705 300	1 454 700	45 442	112 900
四川省秦巴片区	1 348 562	1 040 903	146 643	311 558[1]	22 048	288 454	—	17 304
达州市	490 304	344 564	88 252	38 047	17 774	94 474	—	320
达州市秦巴片区	301 744	212 605	48 987	26 910	16 824	42 193	—	320
巴中市	313 425	261 537	15 724	261 537		62 744	—	1 012
巴中市秦巴片区	313 425	261 537	15 724	261 537		62 744	—	1 012
广元市	289 102	253 437	22 489	7 319		33 594	—	3 664
广元市秦巴片区	289 102	253 437	22 489	7 319		33 594	—	3 664
绵阳市	403 860	265 723	88 933	16 048	24 717	119 292	—	11 297
绵阳市秦巴片区	120 299	74 894	25 265	5 259	2 911	45 539	—	1 888
南充市	580 970	433 919	77 734	14 712	32 360	193 318	—	20 135
南充市秦巴片区	323 992	238 430	34 178	10 533	2 313	104 384	—	10 420

1）相应秦巴片区的数据大于市级的数据，是因为数据是由不同渠道汇总而来的，存在统计误差
注："—"表示数据不详或未做统计汇总

附表4-43　甘肃省秦巴片区畜牧业养殖情况（单位：吨）

地区	肉类产量	猪肉产量	禽肉产量	牛肉产量	奶类产量	禽蛋产量	蜂蜜产量	蚕茧产量
甘肃省	951 000	891 200	—	184 200	529 600	110 700	—	—
甘肃省秦巴片区	157 138	121 553	—	21 488	20 412	17 592	—	—
陇南市	86 484	71 204	—	9 310	694	10 336	—	—
陇南市秦巴片区	86 484	71 204	—	9 310	694	10 336	—	—
天水市	77 974	60 095	—	9 740	7 250	13 728	—	—
天水市秦巴片区	16 594	13 377	—	1 360	1 462	4 182	—	—
定西市	88 366	72 140	—	5 910	8 582	9 279	—	—
定西市秦巴片区	28 472	24 399	—	1 960	1 506	1 903	—	—
甘南藏族自治州	65 381	13 478	—	32 430	87 114	1 184	—	—
甘南藏族自治州秦巴片区	25 588	12 573	—	8 858	16 750	1 171	—	—

注："—"表示数据不详或未做统计汇总

附表4-44　五省一市秦巴片区主要水果面积与产量

地区	苹果		梨		红枣		柿子		杏	
	面积/公顷	产量/吨	面积/公顷	产量/吨	面积/公顷	产量/吨	面积/公顷	产量/吨	面积/公顷	产量/吨
五省一市秦巴片区	43 831.6	948 832	67 026.7	541 686	5 085.4	85 192	4 681.6	216 626	0	13 777
重庆市秦巴片区	10 443	3 049	32 244	88 858						
湖北省秦巴片区	357	7 941	6 147	114 501		4 094		18 626		
陕西省秦巴片区	—	100 014		46 788		5 223		115 632		
河南省秦巴片区	28 647.6	415 421	10 081.7	48 508	5 085.4	41 660	4 681.6	82 164		
四川省秦巴片区	4 384	28 575	18 554	223 076	—	—				
甘肃省秦巴片区		393 832	—	19 955	—	34 215	—	204		13 777

地区	桃		柑橘		猕猴桃		葡萄		其他	
	面积/公顷	产量/吨	面积/公顷	产量/吨	面积/公顷	产量/吨	面积/公顷	产量/吨	面积/公顷	产量/吨
五省一市秦巴片区	101 126.4	1 317 061	161 110	2 122 243	61 168	1 236 211	45 227.9	682 585	137 826	1 472 693
重庆市秦巴片区			74 010	893 175			7 861	15 036		
湖北省秦巴片区	5 438	98 506	38 393	368 510	1 301	1 941	758	8 548	15 921	
陕西省秦巴片区	—	—	—	405 185	43 526	849 639	—	77 677		
河南省秦巴片区	89 944.4	1 212 413	22 846	95 294	10 568	384 631	34 217.9	581 324	121 905	1 251 864
四川省秦巴片区	5 744	—	25 861	353 617	5 773	—	2 391	—		220 829
甘肃省秦巴片区	—	6 142	—	6 462						

注："—"表示数据不详或未做统计汇总

附表4-45　重庆市秦巴片区主要水果面积与产量

地区	苹果		梨		柑橘		葡萄		香蕉	
	面积/公顷	产量/吨	面积/公顷	产量/吨	面积/公顷	产量/吨	面积/公顷	产量/吨	面积/公顷	产量/吨
重庆市	720	4 638	35 810	374 512	192 490	2 072 409	8 630	94 818	70	1 371
重庆市秦巴片区	10 443[1]	3 049	32 244	88 858	74 010	893 175	7 861	15 036		
万州区	—	—	1 400	12 851	18 290	252 493	7 300	3 157		
城口县	9 700	—	25 300	—						
开县[2]	231	—	3 874	64 700	11 619	201 400	54	2 600		
云阳县	—	—	787	7 000	20 033	160 000	67	3 000		

续表

地区	苹果		梨		柑橘		葡萄		香蕉	
	面积/公顷	产量/吨	面积/公顷	产量/吨	面积/公顷	产量/吨	面积/公顷	产量/吨	面积/公顷	产量/吨
奉节县	155	1 876	306	1 429	14 977	241 171	90	2 663	—	—
巫山县	270	593	310	2 178	5 100	34 051	270	3 536	—	—
巫溪县	87	580	267	700	3 991	4 060	80	80	—	—

1）相应秦巴片区的数据大于市级的数据，是因为数据是由不同渠道汇总而来的，存在统计误差

2）现为开州区

注："—"表示数据不详或未做统计汇总

附表4-46　湖北省秦巴片区主要水果面积与产量

地区	苹果		梨		红枣		柿子		桃	
	面积/公顷	产量/吨	面积/公顷	产量/吨	面积/公顷	产量/吨	面积/公顷	产量/吨	面积/公顷	产量/吨
湖北省	1 201	15 947	39 352	563 121	—	33 855	—	66 092	53 281	724 857
地市级合计	447	8 387	6 578	126 328	—	3 891	—	20 806	22 954	393 713
湖北省秦巴片区	357	7 941	6 147	114 501		4 094[1]		18 626	5 438	98 506
十堰市	134	6 502	148	480		974		6 253	1 400	8 938
十堰市秦巴片区	134	6 502	148	480		1 727[1]		6 253	1 400	8 938
襄阳市	313	1 885	6 430	125 848		2 917		14 553	21 554	384 775
襄阳市秦巴片区	209	1 425	5 983	113 975		2 346		12 180	4 028	89 518
神农架林区	14	14	16	46		21		193	10	50

地区	柑橘		猕猴桃		葡萄		其他	
	面积/公顷	产量/吨	面积/公顷	产量/吨	面积/公顷	产量/吨	面积/公顷	产量/吨
湖北省	239 659	4 003 942	11 947	20 990	10 014	236 845	48 098	—
地市级合计	39 576	385 202	1 301	1 914	925	10 919	15 888	
湖北省秦巴片区	38 393	368 510	1 301	1 941	758	8 548	15 921	
十堰市	37 171	331 816	1 153	1 621	511	1 054	14 160	
十堰市秦巴片区	37 171	331 816	1 153	1 621	511	1 054	14 160	
襄阳市	2 405	53 386	148	293	414	9 865	1 728	
襄阳市秦巴片区	1 222	36 694	148	293	246	7 489	1 577	
神农架林区	—	—		27	1	5	184	

1）相应秦巴片区的数据大于市级的数据，是因为数据是由不同渠道汇总而来的，存在统计误差

注："—"表示数据不详或未做统计汇总

附表4-47　陕西省秦巴片区主要水果面积与产量

地区	苹果 面积/公顷	苹果 产量/吨	梨 面积/公顷	梨 产量/吨	红枣 面积/公顷	红枣 产量/吨	柿子 面积/公顷	柿子 产量/吨	杏 面积/公顷	杏 产量/吨	桃 面积/公顷	桃 产量/吨
陕西省	—	9 880 128	—	1 015 019	—	644 592	—	395 570	—	184 126	—	724 872
地市级合计		2 662 974		508 811		196 512		244 506		99 754		312 369
陕西省秦巴片区		100 014		46 788		5 223		115 632				
西安市		26 047		48 757		44 053		43 705		61 145		125 147
西安市秦巴片区		14 155		5 519		1 962		33 080		—		—
宝鸡市		680 618		7 019		1		23 549		3 918		34 468
宝鸡市秦巴片区		54 684		582		—		2 695		—		—
渭南市		1 937 295		423 420		149 915		102 960		25 591		110 075
渭南市秦巴片区		11 705		12 173		818		3 513		—		—
商洛市		9 249		1 388		584		37 542		1 316		4 371
汉中市		4 593		21 440		581		14 461		2 838		17 174
安康市		5 172		6 787		1 378		22 289		4 946		21 134

地区	柑橘 面积/公顷	柑橘 产量/吨	猕猴桃 面积/公顷	猕猴桃 产量/吨	葡萄 面积/公顷	葡萄 产量/吨	石榴 面积/公顷	石榴 产量/吨	其他 面积/公顷	其他 产量/吨
陕西省	—	503 630	—	1 205 886	—	595 144	—	94 894	—	295 969
地市级合计	—	424 227		958 395	—	285 921	—	33 122	—	199 754
陕西省秦巴片区	—	405 185	43 526	849 639		77 677	—	—	—	—
西安市	—	—	—	410 614		99 889		32 793		104 420
西安市秦巴片区			24 682	387 839		56 879				
宝鸡市	—	—	—	531 507		33 356	—	7		5 259
宝鸡市秦巴片区			18 079	446 303		12 428	—			
渭南市	—			3 749		147 105		219		
渭南市秦巴片区				3 204		3 291				
商洛市	—	2 021	—	1 110		1 670	—	35		7 915
汉中市	—	337 809		9 771		2 335	—	—		19 667
安康市	—	84 397		1 644		1 566		68		62 493

注：“—”表示数据不详或未做统计汇总

附表4-48　河南省秦巴片区主要水果面积与产量

地区	苹果		梨		红枣		柿子		杏	
	面积/公顷	产量/吨	面积/公顷	产量/吨	面积/公顷	产量/吨	面积/公顷	产量/吨	面积/公顷	产量/吨
河南省	176 650	4 431 500	52 320	1 077 300	—	415 500	—	546 300	—	184 126
地市级合计	86 502	2 162 785	18 585	162 635	7 288	125 289	6 976	269 903	—	91 970
河南省秦巴片区	28 647.6	415 421	10 081.7	48 508	5 085.4	41 660	4 681.6	82 164	—	—
洛阳市	23 421	429 601	2 227	40 862	—	25 660	—	68 756	—	61 145
洛阳市秦巴片区	20 991	369 496	1 194.7	13 858	—	21 041	—	37 157	—	—
平顶山市	1 532	20 335	1 757	15 601	1 006	1 746	1 932	15 787	—	3 918
平顶山市秦巴片区	349.6	3 570	772	7 308	188.4	273	398.6	5 206	—	—
南阳市	8 859	48 763	13 151	75 370	6 282	26 962	5 044	42 982	—	25 591
南阳市秦巴片区	7 307	42 355	8 115	27 342	4 897	20 346	4 283	39 801	—	—
三门峡市	52 690	1 664 086	1 450	30 802	—	70 921	—	142 378	—	1 316
三门峡市秦巴片区										2 838[1]

地区	桃		柑橘		猕猴桃		葡萄		其他	
	面积/公顷	产量/吨	面积/公顷	产量/吨	面积/公顷	产量/吨	面积/公顷	产量/吨	面积/公顷	产量/吨
河南省	76 390	1 101 200	11 540	48 100	10 300	—	32 390	556 700	116 110	706 400
地市级合计	28 055	320 899	11 306	47 194	10 113	387 334	8 015	155 853	6 417	641 916
河南省秦巴片区	89 944.4[1]	1 212 413[1]	22 846[1]	95 294[1]	10 568[1]	384 631	34 217.9[1]	581 324[1]	121 905[1]	1 251 864[1]
洛阳市	2 531	49 101	—	—	75	982	2 858	92 084		
洛阳市秦巴片区	1 466.5	25 409	—	—	73	300	309.8	5 798		
平顶山市	6 125	32 773					815	9 193		
平顶山市秦巴片区	1 640.9	13 164					434.1	6 037		
南阳市	16 109	148 154	11 306	47 194	10 028	386 352	2 302	19 051	6 417	641 916
南阳市秦巴片区	10 447	72 640	11 306	47 194	195	384 331	1 084	12 789	5 795	545 464
三门峡市	3 290	90 871	—	—	10		2 040	35 525		
三门峡市秦巴片区	76 390[1]	1 101 200[1]	11 540	48 100	10 300		32 390[1]	556 700[1]	116 110	706 400

1）相应秦巴片区的数据大于市级的数据，是因为数据是由不同渠道汇总而来的，存在统计误差

注："—"表示数据不详或未做统计汇总

附表4-49　四川省秦巴片区主要水果面积与产量

地区	苹果		梨		红枣		柿子		杏	
	面积/公顷	产量/吨	面积/公顷	产量/吨	面积/公顷	产量/吨	面积/公顷	产量/吨	面积/公顷	产量/吨
四川省	—	518 661	—	962 939	—	—	—	—	—	—
地市级合计	—	33 022	—	276 482	—	—	—	—	—	—
四川省秦巴片区	4 384	28 575	18 554	223 076						

续表

地区	苹果		梨		红枣		柿子		杏	
	面积/公顷	产量/吨	面积/公顷	产量/吨	面积/公顷	产量/吨	面积/公顷	产量/吨	面积/公顷	产量/吨
达州市	—	3 106	—	25 394	—	—	—	—	—	—
达州市秦巴片区	—	3 069	—	17 731	—	—	—	—	—	—
巴中市	—	4 895	—	10 232	—	—	—	—	—	—
巴中市秦巴片区	—	4 895	—	10 232	—	—	—	—	—	—
广元市	—	17 838	—	149 131	—	—	—	—	—	—
广元市秦巴片区	—	17 837	—	149 131	—	—	—	—	—	—
绵阳市	—	4 818	—	50 044	—	—	—	—	—	—
绵阳市秦巴片区	—	1 898	—	15 752	—	—	—	—	—	—
南充市	—	2 365	—	41 681	—	—	—	—	—	—
南充市秦巴片区	—	876	—	30 230	—	—	—	—	—	—

地区	桃		柑橘		猕猴桃		葡萄		其他	
	面积/公顷	产量/吨	面积/公顷	产量/吨	面积/公顷	产量/吨	面积/公顷	产量/吨	面积/公顷	产量/吨
四川省	—	—	—	3 436 160	—	—	—	—	—	2 269 536
地市级合计	13 090	—	—	787 888	—	—	—	—	—	293 426
四川省秦巴片区	5 744	—	25 861	353 617	5 773	—	2 391	—	—	220 829
达州市	1 113	—	—	213 678	—	—	—	—	—	55 277
达州市秦巴片区	510	—	—	80 965	—	—	—	—	—	29 482
巴中市	449	—	—	24 836	—	—	—	—	—	11 696
巴中市秦巴片区	449	—	—	15 282	—	—	—	—	—	11 696
广元市	2 419	—	—	80 793	—	—	—	—	—	92 729
广元市秦巴片区	2 419	—	—	80 793	—	—	—	—	—	92 729
绵阳市	2 772	—	—	63 098	—	—	—	—	—	53 247
绵阳市秦巴片区	1 610	—	—	42 074	—	—	—	—	—	28 755
南充市	6 337	—	—	405 483	—	—	—	—	—	80 477
南充市秦巴片区	756	—	—	134 503	—	—	—	—	—	58 167

注："—"表示数据不详或未做统计汇总

附表4-50　甘肃省秦巴片区主要水果面积与产量

地区	苹果		梨		红枣		柿子		杏	
	面积/公顷	产量/吨	面积/公顷	产量/吨	面积/公顷	产量/吨	面积/公顷	产量/吨	面积/公顷	产量/吨
甘肃省	290 220	2 695 952	35 810	362 457	25 800	258 620	—	137 076	—	22 907
地市级合计	—	194 248	—	66 583	—	37 235	—	541	—	14 226
甘肃省秦巴片区	—	393 832	—	19 955	—	34 215	—	204	—	13 777

续表

地区	苹果		梨		红枣		柿子		杏	
	面积/公顷	产量/吨	面积/公顷	产量/吨	面积/公顷	产量/吨	面积/公顷	产量/吨	面积/公顷	产量/吨
陇南市	—	86 833	—	5 205	—	3 123	—	141	—	11 099
陇南市秦巴片区	—	86 833	—	5 206[1)	—	3 123	—	141	—	11 099
天水市	—	78 770	—	41 791	—	33 871	—	153	—	1 420
天水市秦巴片区	—	295 986[1)	—	11 791	—	30 884	—	60	—	971
定西市	—	23 177	—	18 513	—	35	—	244	—	—
定西市秦巴片区	—	5 545	—	1 921	—	2	—	—	—	—
甘南藏族自治州	—	5 468	—	1 074	—	206	—	3	—	1 707
甘南藏族自治州秦巴片区	—	5 468	—	1 037	—	206	—	3	—	1 707

地区	桃		柑橘		猕猴桃		葡萄		其他	
	面积/公顷	产量/吨	面积/公顷	产量/吨	面积/公顷	产量/吨	面积/公顷	产量/吨	面积/公顷	产量/吨
甘肃省	40 640	127 951	—	6 462	—	—	—	—	—	—
地市级合计	—	18 120	—	6 462	—	—	—	—	—	—
甘肃省秦巴片区	—	6 142	—	6 462	—	—	—	—	—	—
陇南市	—	900	—	6 462	—	—	—	—	—	—
陇南市秦巴片区	—	901[1)	—	6 462	—	—	—	—	—	—
天水市	—	10 482	—	—	—	—	—	—	—	—
天水市秦巴片区	—	4 228	—	—	—	—	—	—	—	—
定西市	—	6 698	—	—	—	—	—	—	—	—
定西市秦巴片区	—	973	—	—	—	—	—	—	—	—
甘南藏族自治州	—	40	—	—	—	—	—	—	—	—
甘南藏族自治州秦巴片区	—	40	—	—	—	—	—	—	—	—

1）相应秦巴片区的数据大于市级的数据，是因为数据是由不同渠道汇总而来的，存在统计误差
注： "—"表示数据不详或未做统计汇总

附表4-51　五省一市主要林产品产量

地区	木材/万立方米	松脂/吨	生漆/吨	油桐籽/吨	乌桕籽/吨	油茶籽/吨	五倍籽/吨	棕片/吨
重庆市	30	57	6 095	13 412	618	4 520	7 074	542
湖北省	252	—	6 298	24 895	18 503	127 419	3 241	3 714
陕西省	10	—	2 864	29 114	—	—	4 590	3 473
河南省	243	—	—	—	—	—	—	—
四川省	237	—	583	15 276	—	5 361	—	—
甘肃省	3	—	—	239	—	—	—	—
五省一市合计	775	57	15 840	82 936	19 121	137 300	14 905	7 729

地区	树脂/吨	竹笋干/吨	核桃/吨	板栗/吨	花椒/吨	八角/吨	香菇/吨	黑木耳/吨
重庆市	—	38 796						

续表

地区	树脂/吨	竹笋干/吨	核桃/吨	板栗/吨	花椒/吨	八角/吨	香菇/吨	黑木耳/吨
湖北省	44 994	12 299	94 241	414 049	3 475	23	105 849	25 624
陕西省	—	—	181 771	78 984	61 072	—	—	—
河南省	—	—			130 428	242 671		—
四川省	—	87 855	245 876	—				
甘肃省								606
五省一市合计	44 994	138 950	521 888	493 033	194 975	242 694	105 849	26 230

注："—"表示数据不详或未做统计汇总

附表4-52　湖北省主要林产品产量（单位：吨）

地区	松脂	生漆	油桐籽	乌桕籽	油茶籽	五倍籽	棕片	树脂
湖北省	—	6 298	24 895	18 503	127 419	3 241	3 714	44 994
地市级合计	—	302	120	9	8 655	65	45	36 165
湖北省秦巴片区	—	84	0	9	8 433	43	45	36 165
十堰市	—	—	—	—	—	—	—	—
十堰市秦巴片区	—	—	—	—	—	—	—	—
襄阳市	—	302	120	9	8 655	65	45	36 165
襄阳市秦巴片区	—	84	0	9	8 433	43	45	36 165
神农架林区	—	—	—	—	—	—	—	—

地区	竹笋干	核桃	板栗	花椒	八角	香菇	黑木耳	
湖北省	12 299	94 241	414 049	3 475	23	105 849	25 624	
地市级合计	40	2 399	4 151	410	0	0	5 841	
湖北省秦巴片区	40	2 248	2 652	383	0	0	53	
十堰市	—	—	—	—	—	—	2 563	
十堰市秦巴片区	—	—	—	—	—	—	—	
襄阳市	40	2 399	4 151	410	—	—	3 225	
襄阳市秦巴片区	40	2 248	2 652	383	0	0	0	
神农架林区	—	—	—	—	—	—	53	

注："—"表示数据不详或未做统计汇总

附表4-53　陕西省主要林产品产量（单位：吨）

地区	松脂	生漆	油桐籽	乌桕籽	油茶籽	五倍籽	棕片	树脂
陕西省	—	2 864	29 114			4 590	3 473	—
地市级合计	—	2 795	29 158[1)	—	1 150	3 806	3 171	730
陕西省秦巴片区	—	855	6 696	—	1 150	2 234	2 137	730
西安市	—	—	—	—	—	—	—	—
西安市秦巴片区	—	—	—	—	—	—	—	—

续表

地区	松脂	生漆	油桐籽	乌桕籽	油茶籽	五倍籽	棕片	树脂
宝鸡市	—	40	—	—	—	—	—	—
宝鸡市秦巴片区	—	40	—	—	—	—	—	—
渭南市	—	—	—	—	—	—	—	—
渭南市秦巴片区	—	—	—	—	—	—	—	—
商洛市	—	180	4 944	—	65	174	10	0
汉中市	—	635	1 752	—	1 085	2 078	2 127	730
安康市	—	1 940	22 462	—	—	1 554	1 034	

地区	竹笋干	核桃	板栗	花椒	八角	香菇	黑木耳
陕西省	—	181 771	78 984	61 072	—	—	—
地市级合计	133	131 166	68 442	46 993	—	8 658	2 485
陕西省秦巴片区	133	72 725	34 908	9 550	—	8 658	2 485
西安市	—	18 033	4 379	198	—	—	—
西安市秦巴片区	—	13 505	4 042	—	—	—	—
宝鸡市	—	26 328	3 552	3 634	—	—	—
宝鸡市秦巴片区	—	5 405	2 188	1 083	—	—	—
渭南市	—	18 526	505	40 141	—	—	—
渭南市秦巴片区	—	1 263	300	6 967	—	—	—
商洛市	69	36 612	16 265	733	—	—	—
汉中市	64	15 940	12 113	767	—	—	—
安康市	—	15 727	31 628	1 520	—	8 658	2 485

1）相应秦巴片区的数据大于市级的数据，是因为数据是由不同渠道汇总而来的，存在统计误差
注："—"表示数据不详或未做统计汇总

附表4-54　河南省主要林产品产量（单位：吨）

地区	松脂	生漆	油桐籽	乌桕籽	油茶籽	五倍籽	棕片	树脂
河南省	—	—	—	—	—	—	—	—
地市级合计	—	2 136	51 818	3 647	135	4 122	—	—
河南省秦巴片区	—	916	93	0	0	685	—	—
洛阳市	—	4	—	—	—	—	—	—
洛阳市秦巴片区	—	4	—	—	—	—	—	—
平顶山市	—	5	18 680	—	—	—	—	—
平顶山市秦巴片区	—	—	—	—	—	—	—	—
南阳市	—	1 215	33 045	3 647	135	3 217	—	—
南阳市秦巴片区	—	—	—	—	—	—	—	—
三门峡市	—	912	93	—	—	905	—	—
三门峡市秦巴片区	—	912	93	—	—	685	—	—

续表

地区	竹笋干	核桃	板栗	花椒	八角	香菇	黑木耳	
河南省	—			130 428	242 671			
地市级合计	—	130 315	52 067	6 495	—	2 760		
河南省秦巴片区	—	106 153	36 918	1 063	—	—		
洛阳市	—	74 452	12 111		—	—		
洛阳市秦巴片区	—	68 535	12 111		—	—		
平顶山市	—	4 814	2 217	158	—	2 760		
平顶山市秦巴片区	—	—	—	—	—	—		
南阳市	—	20 805	32 440		—	—		
南阳市秦巴片区	—	11 366	19 521		—	—		
三门峡市	—	30 244	5 299	6 337	—	—		
三门峡市秦巴片区	—	26 252	5 286	1 063	0	0	0	

注："—"表示数据不详或未做统计汇总

附表4-55　四川省主要林产品产量（单位：吨）

地区	松脂	生漆	油桐籽	乌桕籽	油茶籽	五倍籽	棕片	树脂
四川省	—	583	15 276	—	5 361	—	—	—
地市级合计	—	25	6 294	—	—	—	669	—
四川省秦巴片区	—	—	—	—	—	—	—	—
达州市	—	—	—	—	—	—	—	—
达州市秦巴片区	—	—	—	—	—	—	—	—
巴中市			6 086				609	
巴中市秦巴片区	—	—	—	—	—	—	—	—
广元市								
广元市秦巴片区	—	—	0	—	—	—	0	—
绵阳市		25	70				60	
绵阳市秦巴片区	—	—	—	—	—	—	—	—
南充市			138					
南充市秦巴片区	—	—	—	—	—	—	—	—

地区	竹笋干	核桃	板栗	花椒	八角	香菇	黑木耳	
四川省	87 855	245 876						
地市级合计	1 517	86 851	5 055	807				
四川省秦巴片区	0	46 119	—	—				
达州市	—							
达州市秦巴片区	—							
巴中市		6 233	2 512					

地区	竹笋干	核桃	板栗	花椒	八角	香菇	黑木耳	
巴中市秦巴片区	—	—	—	—	—	—	—	
广元市	—	46 119	—	—	—	—	—	
广元市秦巴片区	—	46 119	—	—	—	—	—	
绵阳市	805	20 697	2 543	807	—	—	—	
绵阳市秦巴片区	—	—	—	—	—	—	—	
南充市	712	13 802	—	—	—	—	—	
南充市秦巴片区	—	—	—	—	—	—	—	

注："—"表示数据不详或未做统计汇总

附表4-56　五省一市秦巴片区中药材种植面积与产量

地区	面积/公顷	产量/吨
重庆市	113 600	166 368
重庆市秦巴片区	43 789	141 848
河南省	118 805	367 393
河南省秦巴片区	42 942	161 389
甘肃省	233 590	866 600
甘肃省秦巴片区	88 840	251 602
陕西省	179 990	682 479
陕西省秦巴片区	166 649	564 694
四川省	104 062	403 841
四川省秦巴片区	34 107	128 298
湖北省	143 570	39 080
湖北省秦巴片区	26 620	3 542

附表4-57　重庆市秦巴片区中药材种植面积与产量

地区	面积/公顷	产量/吨
重庆市	113 600	166 368
重庆市秦巴片区	43 789	141 848
万州区	3 086	12 554
城口县	12 180	19 625
开县[1]	9 473	90 500
云阳县	1 469	4 856
奉节县	3 848	—
巫山县	2 338	
巫溪县	11 395	14 313

1）现为开州区
注："—"表示数据不详或未做统计汇总

附表4-58　　湖北省秦巴片区中药材种植面积与产量

地区	面积/公顷	产量/吨
湖北省	143 570	39 080
湖北省秦巴片区	26 620	3 542
十堰市秦巴片区	24 630	3 162
襄阳市秦巴片区	1 990	380
神农架林区	—	—

注："—"表示数据不详或未做统计汇总

附表4-59　　陕西省秦巴片区中药材种植面积与产量

地区	面积/公顷	产量/吨
陕西省秦巴片区	166 649	564 694
西安市秦巴片区	2 258	3 056
宝鸡市秦巴片区	4 280	27 054
渭南市秦巴片区	265	2 147
商洛市	27 503	161 028
汉中市	86 316	148 158
安康市	46 027	223 251

附表4-60　　河南省秦巴片区中药材种植面积与产量

地区	面积/公顷	产量/吨
河南省	118 805	367 393
河南省秦巴片区	42 942	161 389
洛阳市秦巴片区	23 212	11 936
平顶山市秦巴片区	590	398
南阳市秦巴片区	15 416	142 406
三门峡市秦巴片区	3 724	6 649

附表4-61　　四川省秦巴片区中药材种植面积与产量

地区	面积/公顷	产量/吨
四川省	104 062	403 841
四川省秦巴片区	34 107	128 298
达州市秦巴片区	8 032	22 117
巴中市秦巴片区	5 918	18 466
广元市秦巴片区	7 716	40 239
绵阳市秦巴片区	3 491	9 364
南充市秦巴片区	8 950	38 112

附表4-62   甘肃省秦巴片区中药材种植面积与产量

地区	面积/公顷	产量/吨
甘肃省	233 590.00	866 600.00
甘肃省秦巴片区	88 840.00	251 602.14
陇南市	45 233.33	116 619.21
天水市秦巴片区	3 720.00	8 403.00
定西市秦巴片区	27 100.00	91 568.00
甘南藏族自治州秦巴片区	12 786.67	35 011.93

参考文献

重庆市城口统计局. 2015. 重庆市城口县统计资料2015（内部资料）.

重庆市开县统计局. 2015. 重庆市开县统计资料2015（内部资料）.

重庆市农业厅. 2015. 重庆市农业统计资料2015（内部资料）.

重庆市统计局，国家统计局重庆调查总队. 2015. 重庆统计年鉴2015. 北京：中国统计出版社.

重庆市巫溪统计局. 2015. 重庆市巫溪县统计资料2015（内部资料）.

重庆市云阳统计局. 2015. 重庆市云阳县统计资料2015（内部资料）.

重庆巫山县统计局. 2015. 重庆市巫山县统计资料2015（内部资料）.

甘肃省农业厅. 2015. 甘肃省农业统计资料2015（内部资料）.

甘肃省统计局，国家统计局甘肃调查总队. 2015. 甘肃统计年鉴2015. 北京：中国统计出版社.

国家林业局，全国林业发展区划办公室. 2011a. 中国林业发展区划功能区划篇二级区. 北京：中国林业出版社.

国家林业局，全国林业发展区划办公室. 2011b. 中国林业发展区划条件区划篇三级区. 北京：中国林业出版社.

国家林业局，全国林业发展区划办公室. 2011c. 中国林业发展区划条件区划篇一级区. 北京：中国林业出版社.

河南省洛阳市统计局. 2015. 河南省洛阳统计年鉴2015（内部资料）.

河南省南阳统计局. 2015. 河南省南阳统计年鉴2015（内部资料）.

河南省农业厅. 2015. 河南省农业统计资料2015（内部资料）.

河南省平顶山统计局. 2015. 河南省平顶山统计年鉴2015（内部资料）.

河南省三门峡统计局. 2015. 河南省三门峡统计年鉴2015（内部资料）.

河南省统计局，国家统计局河南调查总队. 河南统计年鉴2015. 北京：中国统计出版社.

湖北神农架统计局. 2015. 湖北省神农架统计资料2015（内部资料）.

湖北省农业厅. 2015. 湖北省农业统计资料2015（内部资料）.

湖北省统计局，国家统计局湖北调查总队. 2015. 湖北统计年鉴2015. 北京：中国统计出版社.

湖北省襄阳统计局. 2015. 湖北省襄阳统计年鉴2015（内部资料）.

湖北十堰统计局. 2015. 湖北省十堰市统计年鉴2015（内部资料）.

陕西省汉中市统计局. 2015. 陕西省汉中市统计资料2015（内部资料）.

陕西省农业厅.2015.陕西省农业统计资料2015（内部资料）.

陕西省商洛市统计局.2015.陕西省汉中市统计资料2015（内部资料）.

陕西省统计局，国家统计局陕西调查总队.2015.陕西统计年鉴2015.北京：中国统计出版社.

陕西省西安统计局.2015.陕西省西安统计年鉴2015（内部资料）.

四川省巴中市统计局.2015.四川省巴中市统计资料2015（内部资料）.

四川省达州市统计局.2015.四川省达州市统计资料2015（内部资料）.

四川省广元市统计局.2015.四川省广元市统计资料2015（内部资料）.

四川省南充市统计局.2015.四川省南充市统计资料2015（内部资料）.

四川省农业厅.2015.四川省农业统计资料2015（内部资料）.

四川省统计局，国家统计局四川调查总队.2015.四川统计年鉴2015.北京：中国统计出版社.

中华人民共和国国家统计局.2015.中国统计年鉴2015.北京：中国统计出版社.

附录　调研照片选编

附图1　刘旭院士一行在陕西省城固调研有机肥厂

附图2　刘旭院士一行在陕西省城固调研制药企业

附图3　刘旭院士调查茶园

附图4　刘旭院士一行在陕西省汉中茶叶电商展销厅调研

附图5　刘旭院士在汉中天然谷生物科技股份有限公司调研

附图6　梅旭荣局长在茶园调研

附图7　梅旭荣局长调研春茶加工

附图8　梅旭荣局长调研山区果园

附图9　随行人员在陕西省汉中茶园调研

附图10　刘旭院士等出席安康市座谈会

（a）

（b）

附图11　梅旭荣局长一行调研陕西平利有机茶生产基地

附图12　梅旭荣局长一行在陕西平利调研茶农

附图13　杨正礼研究员一行在湖北十堰调研农产品电商情况

附图14　陕西省汉中灵芝人工栽培基地

附图15　陕西省汉中有机茶园

附图16　陕西省汉中坡耕地

附图17　徐德龙院士与重庆移民新区群众亲切交谈

附图18　重庆脐橙

附图19　重庆脐橙园

附图20　重庆三峡库区农村

附图21　徐德龙院士一行在四川省奶牛养殖企业调研

附图22　四川省奶牛养殖场的"美女卫士"

附图23　甘肃陇南酒厂车间一瞥

附图24　甘肃陇南酒厂制酒发酵车间一瞥

附图25　甘肃陇南农村淘宝

附图26　甘肃陇南电商平台展销厅

附图27　陇南"眉毛田"远景

附图28　陇南油橄榄

附图29　陇南油橄榄园

附图30　陇南白龙山植被与水土流失状况

附图31　甘南梯田

附图32　甘南舟曲楹联文化街

附图33　秦岭山脉甘南片区远景